諸葛亮日記

36招戰勝人生的錦囊妙計

東方聞睿 編著

 崧燁文化

目錄

諸葛亮日記：36 招戰勝人生的錦囊妙計

目錄

內容提要

　　諸葛孔明的智慧，可謂世界上最偉大、最神奇的個人管理智慧；在戰場上，他是那樣遊刃有餘、所向披靡，令敵方聞「亮」喪膽；對主公，他的上司，他是那樣知恩圖報、忠心耿耿，「鞠躬盡瘁，死而後已」；對下屬，他任人唯賢，不拘一格降人才；對國事，他嚴明法度，不徇私情；對自己，樂觀豁達，樸實無華，以身作則；對敵方，他又是那樣「知己知彼」，從而百戰不殆。他以短暫的一生演繹了千古傳誦的神奇；他的神機妙算成就了其一生的輝煌！

潛伏茅廬，寂為臥龍：「潛龍，勿用」，只等東風

　　我最景仰的先賢是幫助齊桓公推行法治、開發經濟、「尊王攘夷」、成就霸業的相國管仲，和聯合秦楚之晉為燕昭王攻下齊國七十餘城的燕國上將軍樂毅。為此，我自比管仲、樂毅，這在當時招來了不少人的鄙視和嘲笑，而我卻不以為然，依舊我行我素，「燕雀安知鴻鵠之志哉！」

　　我的先祖諸葛豐在漢元帝時曾任司隸校尉，諸葛家族在當地屬名門望族。我的父親曾任泰山郡丞，但在我八歲時就過世了。

　　我和哥哥諸葛瑾、弟弟諸葛均以及兩個姐姐從此都靠叔父諸葛玄撫養成人。

　　幼年時期，東漢王朝極度腐敗、民不聊生，自然災害不斷發生，人們飢寒交迫，走投無路，終於爆發了黃巾農民起義。

　　九歲時，西涼豪強董卓帶兵進京廢掉少帝，另立獻帝，控制了朝政大權。野心勃勃的其他豪強藉口討伐董卓紛紛起兵，從此開始了豪強割據、軍閥混戰的大亂時期。

　　十三歲時，曹操攻打當時占據徐州的陶謙，使我的家鄉面臨毀滅之災。為了避開戰亂，叔父帶領全家輾轉半個中國，到襄陽投靠荊州牧劉表。到襄陽後住在城內，我在城南學業堂讀書。

　　十七歲時，叔父諸葛玄去世，從此，我就在城西的隆中山定居下來。

　　叔父諸葛玄對我一生的影響最大，從小他就教育我們「志當存高遠，慕先賢」，這句話像烙印一樣深深地印在心中。

　　「志當存高遠」，正如墨子所說：「志不強者智不達。」胸無大志必無高能，立志不堅，一個人的智慧也得不到充分的發揮。孔子也曾說：「吾十有五而志於學，三十而立，四十而不惑，五十而知天命，六十而耳順，七十

而從心所欲，不逾矩。」正是由於孔子在十五歲時，就立下了治學成才的壯志，並且終身為之奮鬥，所以才成為名垂青史的大教育家、思想家。

由於戰亂，年少的我背井離鄉，不僅親眼目睹，而且親身經歷了混戰時期的災難。渴望安定、企盼統一，成為心中最大的夢想。「為中原統一，為社會安定」而努力！此時此刻，這句話成了我一生的追求。

我最景仰的先賢是幫助齊桓公推行法治、開發經濟、「尊王攘夷」、成就霸業的相國管仲，和聯合秦楚之晉，為燕昭王攻下齊國七十餘城的燕國上將軍樂毅。為此，我自比管仲、樂毅，這在當時招來了不少人的鄙視和嘲笑，但我卻不以為然，依舊我行我素，「燕雀安知鴻鵠之志哉！」

志雖遠大，但我深知要實現自己的志向須有真才實學。《易經》乾卦有云：「潛龍，勿用」。尚無能力實現心中大志，就不能盲動，亂動也沒有用，只會招來別人的恥笑。因此我決定「潛伏茅廬」以待來日「飛龍在天」。

從此定居茅廬，博覽群書，從天文地理到歷史法典，從圖陣兵法到詩文書論，從哲理算術到機械製作，從經濟食貨到撫亂安民之道，我都無不廣泛閱讀、潛心研究，欲博采眾長，融集一體，儲才於身，待時而動。一旦時機成熟，形勢需要並賦予我施展才華的機會，我會毫不猶豫將平生所學化而轉為運籌帷幄、決勝千里、立法施度、整飭內政、開發生產、開拓疆土、文武兼治、立國安邦的才幹，成就如管仲、樂毅一樣非凡的功業。

憶當年，心中不免產生些許感慨，於是順手寫下幾筆，以鑒來者。

志當存高遠

有志者事竟成。縱觀千古成帝業、成大事者，莫不是胸懷大志者。

漢高祖劉邦，原為秦代的泗水亭長，係區區小吏。有一次，劉邦到都城咸陽辦公務，適逢秦始皇出巡。他在街頭見到了皇帝的威儀，便喟然嘆息：「嗟乎，大丈夫當如此也！」劉邦後來斬白蛇起義，繼而滅秦，又與項羽爭天下；至垓下決戰，劉邦終於開創了漢帝國的基業。他當初在街頭上的嘆息之語，便不僅僅是羨慕了。

志不立者事無成。人無大志，必定不會有什麼大的作為。

回想起來，我要「為中原統一，為社會安定」而努力的志向也並非天生就有，甚至在自己年少的時候也曾是那麼目光短淺。小時候由於戰亂顛沛流離，我曾以為人的命運由天注定，直到那天叔父諸葛玄為我說了一個故事，才使我對命運重新有了認識，有了改變。

有一個農夫意外地撿到了一顆老鷹的蛋，他把這顆蛋和一些雞蛋一起放到了一隻母雞的巢裡，這顆蛋孵出了一隻幼鷹。

這隻幼鷹長大後，行為舉止跟其它的雞一樣，牠咯咯地叫，有時拍拍翅膀像雞一樣只在低空飛幾公尺遠，也像雞一樣，只吃在地上扒到的種子和昆蟲。

有一天，牠抬頭仰望天空，看到了一隻老鷹在萬里晴空中繞著大圈子翱翔，在雲中鑽進鑽出的英姿，牠問：「那是什麼東西啊？」

一隻公雞用嫌牠少見多怪的口氣說：「那是老鷹，是最偉大的鳥。」

「太厲害了，我希望跟牠一樣。」

那隻公雞說：「少做夢了，我們跟牠不一樣。」

如果幼鷹放棄夢想，那麼牠一輩子到死都會認為自己是隻雞，但牠卻沒有放棄。雖然多年雞的生活讓牠的翅膀無力、肌肉萎縮，但牠堅持不懈，摔下來再飛上去，終於有一天牠飛離了雞巢，飛上了藍天，成為了「最偉大的鳥」。

叔父告訴我：「所謂的命運，就是淪落在雞窩裡的鷹。命運不由天注定。你願意選擇雞一樣的生活，你就會平庸一生、碌碌無為；你願意像鷹一樣展翅翱翔，你就會光耀一生、鵬程萬里。」

我從叔父的話語中，讀懂了叔父期待的心，更明白了命運不由天注定。不相信命運，就須用遠大的志向改變命運。志向越遠大，意志才會越堅定。沒有遠大的志向，一個人一生都只會是別人的陪襯和附庸。

▎博覽群書，藏器待用

人活著應該有個目標、有個方向，否則就會迷茫。這個方向，也就是志向，而志向的建立，又是需要與學識聯繫在一起的。成大事者，均有一個良好的學習習慣，「博覽群書，藏器待用」，進而實現心中的理想。只有利用知識的力量，立志方能遠大，成志方可實現。在我看來如果誰只能利用一小部分的天賦從事事業，那他在事業上一定會受很大的拖累。本來能夠充分施展拳腳，卻因拳腳不便而屢屢受挫。

成大事者，需要養成惜時如金的習慣、勤奮不已的學習作風，方可走向成功。

知識就是力量，十分鐘的時間你也可以利用來讀一些書籍。在自修上下一分功夫，可以助你在事業上得到一分收穫。許多志在成功的人，在早些時候，年薪很低，工作很苦，但他們利用其閒暇的時間，自修學習以求上進，比之他們在日間的工作更為努力。在他們看來，追求知識、要求進步才是真正的大事，而非薪水。

求知，使你富有知識，知識使人多一份生命。一個人越能儲蓄知識便越易致富，因此，零星的努力，細小的進步，日積月累，可以使你更為充實，可以使你更能應付人生。

有人或許認為利用閒暇的時間來讀書得不到多大的成效，其成績總無法與學校教育相等，因而不想在閒暇的時間讀書。這無異於一個人因為自己進帳不多，以為即使盡量儲蓄也無法致富，所以一有錢便盡數揮霍，不屑儲蓄！但你沒有看見那些利用零星的閒暇時間求得與學校教育相等效果的人嗎？

知識的多寡，對於我們人生歷程極其重要。在激烈的生活競爭和複雜的生存環境中，你必須以充分的學識作為甲冑。這一切，只有學習知識方可達到。

大多數人的缺點，就是一心希望在頃刻之間成就大事。事情是慢慢成就的，因此你應不斷地努力讀書自修，不斷充實自己的知識寶庫，從而漸漸擴大知識範圍。只有這樣，知識才會越積越多，力量也才會越來越大。

知識的力量是無窮的。你應該相信自己獲取知識的能力。從現在開始，立一個志向，不斷地學習，不斷地努力，增加自己的知識，增加自己身上的「能量」。「潛龍，勿用」，只待來日一飛沖天。

▌學會耐煩的藝術

成大事者必須學會耐煩，才能把難做的事做下去，把沒有希望的事辦成。

在學業堂讀書時，我曾問我的老師黃承彥：「一個人在事業上步步高陞，靠的是什麼？」老師毫不猶豫地告訴我：「靠耐煩！」

他為什麼不提自身的條件，卻特別提到「耐煩」二個字，其中自有道理。「耐煩」二字就算不是「為官之道」，至少也是做事之道了。

很多人說，做事難，做人更難！單純一件事要把它做好，只要肯下功夫，並不難，但一扯上人際關係，簡單的事也會變複雜。而依人的智慧、經驗、價值觀念以及利益的不同，事情的複雜程度也會有所不同，就好比一條繩子打上了千百個結一樣，世上的事多半是如此，而且越是「有價值」的事越是如此！

譬如調整人事，好的職位人人想要，施壓的施壓，想辦法的想辦法，這就是綁了千百個結的繩子；商人要爭取大生意，幾年前就開始布樁、打通人際關係、蒐集情報、訓練人員，每個步驟都會有問題，也都需要解決，這也猶如綁了千百個結的繩子。而要解開這些繩子上的結，要的就是「耐煩」！這是我此時此刻的體會。

事實上，在學業堂讀書時我還對此很是疑惑，遂問老師：「要做好一件事，解決一個問題，最需要的是智慧、經驗，光憑這些還不夠嗎？為何還得『耐煩』呢？」老師為我總結了以下幾個原因：

「其一，有智慧、經驗的人固然能做好事情，也能解決問題，但如果沒有『耐煩』的本領，當他們碰到那些事時，就不知從何下手。所以，若一個人無法『耐煩』，光有智慧和經驗也無法成就大事。」

「其二，『耐煩』是在和客觀環境比耐力，和競爭對手比毅力，你能『耐煩』，就不會輸！如果因為不耐煩而半途放棄，那就等於前功盡棄。許多人之所以落後於他人，都是因為不耐煩，而不是因為智不如人！」

老師還告誡我：

「能忍耐一次煩，便能忍耐兩次煩，這種本領一變成習慣，將是成就事業的基礎。」

「這種『耐煩』的本領，年輕人尤其應該學到，不要說你年輕氣盛而『做不到』，那只是一個託詞，你應該意識到一點：越早學到，越早受益！」

▊順勢而動，可成大事

形勢所賦予我們的機會往往是決定性的成功因素。好的形勢則猶如東風，此時順勢而動就猶如順風揚帆，可以事半功倍。所以，掌握自己的命運，關鍵在順應形勢，趨利避害，做掌握時代脈動的幸運兒。

順勢而動是能夠做出一番成就的，這一點我從未有過懷疑。

世人有「出世」與「入世」的爭論。其核心議題是，有才能的人以何種方式對待其所面臨的時代。

這些爭論的重要結論之一，便是主張要「順道而行」，根據時代的特點來決定自己的行為方式。就連以「知其不可而為之」聞名的孔夫子也曾說過：「天下有道則見，無道則隱」、「邦有道，則仕；邦無道，則可卷而懷之。」

也就是說，如果時代尚未為你的「入世」提供良機，你就不應強求，而應「藏器於身，待時而動」；反之，如果社會充滿了對人才的渴望和呼喚，時代提供了前所未有的機會和可能，你就可以「天下有道則見」了。縱觀古今，許多成大事者均「順勢而動」，正因為此他們的命運出現了根本性的轉折，由人生的谷底到達了頂峰，進而創造出輝煌燦爛的人生。

好的形勢就是一個能為人的發展提供更多機會的時候，它使人能有更多的自由去選擇自己的命運，去改變自己的命運。在不好的形勢下，一個人的

命運可能是固定的、卑賤的，永遠無法得到某些東西，永遠無法改變自身的生存狀態。而好的形勢，則會為你提供這種可能。

但是，一個好的形勢並不一定意味著太平盛世，相反地，它往往是一個變革的時期，甚至是動盪的時期，舊的格局被打破，新的發展方向和前途又尚未確定，這是最需要人的創造力、想像力和勇氣的時刻。無疑，這就是一個最大的機會，彷彿為你提供了一張白紙，讓你去畫自己認為最美的圖畫。所以，在歷史發生重大變化的那些關鍵時刻，總是人才輩出的時刻。

順勢而動，可成大事。沒有有利於自己發展的時機，沒有順勢而動的膽量和氣魄，就不會有人生的輝煌與事業的成就。

三顧茅廬：親自導演，讓自己成為英雄

你行，就來做；不行，就讓開。故作姿態的「謙虛」完全沒有必要。你應當實事求是地宣傳自己：我有什麼長處，有哪些才能，想做什麼，能做什麼。直來直往，使別人瞭解你，這樣反而容易使你得到機會。我的成功不也正說明了這個道理：要想讓別人看重自己，必須放棄「薄薄的面子」，更新觀念，大膽地推銷自己。

「三顧茅廬」的故事可謂家喻戶曉。那時朝政腐敗，農民起義群起，政權更迭，群雄逐鹿天下，特別是逐漸強大的曹操、孫權和劉備之間，展開了尖銳複雜的政治較量和軍事鬥爭。這些政治、軍事集團之間，時或朋比勾結，時或互相攻訐；時或兵戎相見，時或杯酒言歡，彼此存在多方面、多層次、錯綜複雜的關係和矛盾。

「天下興亡，匹夫有責」。天下紛亂，我堂堂七尺男兒又怎能坐視不理？於是入世之心漸起。既決定入世，選擇好的君主成了當務之急。我自小受儒家思想的薰陶，以「匡復漢室」為己任，而曹操，名為漢相，實為漢賊，我自不屑與其為伍；孫權只不過是新崛起的地方割據勢力，既沒有資格，也沒有實力去統一天下；唯劉備，乃漢王朝的皇室後裔，待人豁達、寬厚，是我心中的第一人選，也是最佳人選。

但我身在局外，又怎能使劉備知道自己、器重自己？我只有耐心等待機會的來臨。與此同時，我深知，要讓別人器重，首先是要自己看重自己。對於時局，我有一個十二分的認識；對於機會，我尚有幾分擔心。要讓「主公」看上自己、器重自己，並非易事。於是，「三顧茅廬」的構思也就應運而生了。

「三顧茅廬」，我讓自己成為英雄，而成為英雄的步驟，可概括為以下幾點：

▋相信「天生我才必有用」，自己看重自己

在我看來信心與自信是一個人成功的先決條件，因此我深信：「天生我才必有用。」

我曾無數次地問自己：「你是諸葛孔明，假如別人可以做出種種神奇的事情來，為什麼你不可以？」得到的回答自然是肯定的，我以此來樹立自己的自信，將信念之旗高高舉起。

回想起來，促使我有如此信念的人，應該是我的叔父諸葛玄，在我很小的時候，叔父告訴我一個流傳了許久的故事：

有位富翁只有一個女兒。一天，富翁昭告天下，聲稱要公開招募一位女婿，中選者可以得到富翁所有的財產並可成為富翁的乘龍快婿。沒過幾天，幾百名應徵者聚集到了富翁家後花園的水池邊。

富翁宣布：「誰先從這邊游到對面，誰就有資格成為我的女婿，並繼承我的全部財產。」富翁的話剛說完，應徵者皆認為這是很簡單的事，因而擠在水池邊準備跳下。但是，當眾人細看水池之時，不禁愕然，池中有幾條張著大嘴的鱷魚虎視眈眈地浮沉著。剎那間，大家冷靜下來！誰也不敢跳下水池。

此時，有一位年輕人被站在後面的人往下一推，掉下水池，水池的設計很奇怪，三面高，一面低，年輕要想活命必須迅速地游到對岸。這位年輕人為了活命，一下子潛在能力的發揮促使他拚命往前游，結果連鱷魚也沒追上他。

當他爬上水池後急忙找尋剛剛推他下去的人時，旁邊有人說：「你還計較誰推你下去幹什麼呢？你已成為富翁的女婿，並得到所有的財產了。」那位年輕人說：「不，我要感謝剛剛推我下水的人，沒有他的一推，我還真不知道我的游泳速度這麼快，並且得到財產與幸福，所以我要萬分感謝他。」

叔父的故事，讓年幼的我意識到：在我們每個人身上蘊藏著非常巨大的潛能，但不幸的是，我們自己並未深刻意識到這些潛能。

人的潛在能力是一種對外界刺激極其敏銳的東西，一旦喚起之後，需要不斷地注意與培育。就像音樂、繪畫等藝術的天賦需要注意與培育一樣，否則它將逐漸消失。

如果誰有志向而不想去實現，則他的志向將無法保持一種銳利而固定的姿態，他的天賦將變得遲鈍而失去能力。

有的人在一帆風順的情況下，信心百倍，可是一遇到逆境便萎靡不振，如霜打秋荷一般。須知：戰勝自卑和怯懦，是對事業的最好祝福。在逆境中，不但需要手提智慧劍，身披忍辱甲，也需要有自信，更需要勵精圖治。

能夠成就事業的人，永遠是那些堅持自己見解的人，敢於想人之所不敢想的人，為人之所不敢為的人；永遠是那些不怕孤獨的人，勇敢而有創造力的人。至於那些沉迷於卑微信念的人，自然是老死窗下，飲恨歿世。普通人之所以平凡，是因為他們沒有發覺到自己沉睡著的「神聖潛能」，無法發揮潛能，從而失去了成為英雄豪傑的自信，而安然於普通平凡之中。

英雄豪傑之士與普通的人不同之處在於：他們有超人的志向，遠大的理想，崇高的目標，勇敢的意志，堅定的信心；他們昂首闊步，永遠向前，拚搏向上，不屈不撓地堅持著、發揮自己的創造力，從而創造出偉大的奇蹟。

▌善於表現自我，爭取更多機會

我的自信使我以「英雄」自居，更使周圍的人把我看成「英雄」，不經意間我已是聲名在外。因此要問：是誰導演了「三顧茅廬」這齣戲？當然是我諸葛孔明。我讓自己成為「英雄」，使劉備對我刮目相看。除此之外還要透露一個祕密，我讓自己成為「英雄」，還有重要的一點：善於表現自己。

世人愛把「藏而不露」視為一種美德，一個人的優點、成績和才能，只能由別人來發現。至於自己，儘管你已做出許多成績，有淵博的知識和驚人的才華，也只能說自己「才疏學淺」。如果有誰鋒芒太露，就容易召來非議。人們喜歡恭順謙讓者，因此，「毛遂自薦」的故事，聽起來總不是那麼入耳。勇於表現自己才華的人，也總不如「謙謙君子」那樣受到歡迎。

　　然而，在競爭激烈的環境中，一味地做「謙謙君子」，卻有可能成為一大缺點。競爭就是要「競」要「爭」，就是要敢於和別人去一較高下。

　　你行，就來做；不行，就讓開。故作姿態的「謙虛」，完全沒有必要。事實上，那些聰明的領導者挑選下屬，並不是先看你怎樣言辭周到、謙恭有禮，而是先看你有多少真才實學。你應當實事求是地宣傳自己：我有什麼長處，有哪些才能，想做什麼，能做什麼。直來直往，使別人瞭解你。這樣，反而容易使你得到機會。

　　錯過了時機，精力就會衰退。如果一個人不能在自己的黃金時代，抓住機會，大膽地、主動地貢獻出自己的聰明才智，而總是「藏而不露」，那就會貽誤時機。等到有一天別人終於發現你時，也許早已錯過了時機，你的知識和專長已經成為過時的東西。

　　看我周圍徐庶、龐統、崔州平等都是人才，真可謂人才濟濟，可供選擇的人很多，我想你的周圍大概也是如此吧！如果你總是扭扭捏捏，羞羞答答，表示自己這也不行，那也不行，那麼，有誰還願意放著明擺的能人不用，而來花時間考察瞭解你呢？而且，既然存在著競爭，對於機會，別人就不會謙讓你，而會與你競爭。一旦你失去被選擇的機會，別人就會捷足先登，而你只好自嘆弗如了。

　　競爭在很大程度上就是機會的競爭，機會是非常寶貴的。我們一遇到機會，就應當緊緊地抓住它。當然，我並不提倡自我吹噓，更不贊成弄虛作假，甚至貶低他人來抬高自己，但也不欣賞那種故作姿態的過分謙虛。你只有實事求是地、勇敢地、充分地表現自己的膽識與才能，機會才會來到你身邊。

　　有人把勇於表現自己的膽識與才華與「出風頭」聯繫在一起，這顯然是不對的。主動進取，充分顯示自己的才能，這不是出風頭，而是對自己的尊重以及對社會的負責。有些真知灼見，你不宣傳，別人就不知曉；有些對社會進步具有促進作用的創新見解，你不宣傳，也就無法得到推廣。這不僅是個人的損失，也是社會的損失。

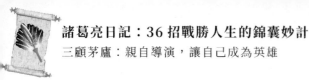
　　由此可見，勇於表現並不像人們想像得那樣壞，恰恰相反，這正是優秀人才不可缺少的一種品德。因此我認為，當「謙謙君子」是沒有必要的，你就是自己的「伯樂」。

▌放棄「薄薄的面子」，大膽地推銷自己

　　你做到了表現自己，接下來要做的就是如何巧妙地推薦自己。

　　巧妙地推薦自己，是化消極等待為積極爭取，加快自我實現的不可忽視的手段。常言道：「勇猛的雄鷹，通常都把它們尖利的爪牙露在外面。」這其實就是積極地表現自我。精明的生意人，想讓自己的商品待價而沽，總得先吸引顧客的注意，讓他們知道商品的價值，這便是傑出的推銷術。

　　就以我為例，在生活中我做到了自信，做到了表現自己，也做到了巧妙地推薦自己。那日，徐庶來我茅廬之中告知，他已向劉備推薦了我，希望我順應時勢，助劉備一臂之力，我故意裝作很生氣，其實我心中竊喜，心情難以平靜，我知道自己等待已久的機會已經來臨。但我深知自己尚無寸功忝列高位，即使追隨劉備也很難在短期之內得到重用；而且以我資歷，即使得到重用也很難服眾。於是我便故作推辭，但我心中已有打算。

　　我知劉備近期必來造訪，於是就故意迴避，讓劉備二次不得相見，我的用意有二：一則，「千軍易得，一將難求」，得來不易，才知珍惜；二則，乘此機會我出外雲游，瞭解最新局勢，以備與劉備見面之時能有的放矢。

　　我的努力總算沒有白費，劉備三顧茅廬才與我見面，因此他對我恭敬有加，倍感珍惜，急迫之情溢於言表，那時我知自己的推薦已有一分勝算。接著我便拿出了自己的絕活──「隆中之對」，震撼了劉備，使他更看重我，大有不請我出山誓不罷休的架勢。我見時機已經成熟，遂順水推舟，答應出山助他一臂之力。

　　我的成功不也正說明了這個道理：若想讓別人看重自己，必須放棄「薄薄的面子」，更新觀念，大膽地推銷自己。

隆中之對：先有目標，後有行動

關於「隆中之對」我有以下幾點經驗之談：目標是成功的起點，有了目標你才不會隨波逐流；專注目標，你才會離目標越來越近；遠大的目標能使你發揮無窮的潛力，獲取最大的成功。明確了方向，確定了目標，就應該用實際行動去追求你的理想。

劉備在請我出山之前，屢遭挫折，不得已投奔荊州牧劉表，後經水鏡先生司馬徽和徐庶的推薦，三顧寒舍，邀我出山共謀大事。

在與劉備初次見面時，我首先試探了其誠意：「司馬徽、徐庶才是有德之士，我只是個種田的耕夫，怎麼敢談論天下大事呢？」劉備卻言：「大丈夫抱經世奇才，豈可空老於林泉之下，願先生以天下蒼生為念，開備愚魯而賜教。」此時我已知劉備對我之能深信不疑，心中也就少了些許顧慮。

為進一步瞭解劉備心意，我又笑問：「願聞將軍之志！」劉備見我有所轉變，迅速將座位移近，說：「當前奸臣當道，漢室傾危，我想為天下伸張正義，苦於智術淺短，無所成就，望先生賜以良略。」由此，我更確信：劉備即是我要選擇的君主，因為他與我志向相同，而且追隨劉備能使我的聰明才智得到最大程度的發揮。基於此，我便毫無顧慮，向劉備暢談了治國平天下的宏圖大略：

首先從指導思想談起。我指出群雄混戰的基本經驗，是依靠「人謀」取勝。當初比較弱小的割據勢力，依靠自身努力強大起來，原先強大的反而失敗了。袁、曹之爭便是典型：

「自從董卓以來，豪強並起，跨州連郡，數不勝數。曹操比起袁紹，名望低微，實力弱小，然而竟能打敗袁紹，不光靠天時，也憑人謀。」我料此點正中劉備要害，他過去人謀不力，若想今後事業有成，必須「人謀」取勝。

戰略方針明確以後，我又分析了天下形勢。這時除了劉備以外，還有六股勢力：北方的曹操、韓遂馬超、公孫淵，南方的孫權、劉璋、張魯。我告

知劉備，曹操、孫權將生存下去，其他豪強都將滅亡。而劉備若想生存，與曹操、孫權三分天下，前提是改變戰爭的戰略方針：

「現曹操已擁有百萬之眾，挾天子以令諸侯，其勢力強大，不可與爭鋒；孫權占據江東，已歷三世，國險而民附，此可用為援而不可圖也。」

那麼，劉備又該如何奪取天下呢？我建議他分近期、遠期兩步走，近期以三分天下為目標，有三項任務。

「荊州北據漢、沔二水，利益窮盡南海，東連東吳、會稽兩郡，西通劉璋巴蜀，此乃用武之地，而荊州之主劉表不能固守。荊州怕是天意資助將軍，將軍是否有意去取？」第一項任務，取荊州。

「益州險要，四塞之地，沃野千里，乃是天府之國，漢高祖憑藉它成就了帝業。益州之主劉璋愚昧、軟弱，張魯威脅其北面，人民殷實，地區富有，而不知道去慰問撫卹，智慧之士渴望得到明主。將軍既然是皇室後裔，信用和道義傳遍四海，總攬英雄，思賢若渴，何不取而代之？」第二項任務，接著取益州。

第三項任務，與孫權結盟。孫氏正在內爭三江五湖之利，侷限在東南一隅；然而遲早會走出太湖背後的閉鎖狀態，逐鹿中原，那時就可能合作。

以上是我提出的近期目標。預測劉備聯吳避曹奪取荊州、益州之後，將與曹操、孫權三分天下，並且成為獲利最大的一方。

接下來談遠期目標，以統一全國為目標。首先要治理荊州、益州，任務是：

「守住兩地險要，西和諸戎，南撫夷越，對外結好孫權，對內治理政務。」

諸戎在西北秦隴即益州和曹占區之間，由氐、羌族構成，夷越在益州南部，都具有策略意義，必須以和撫政策爭取少數民族民心，鞏固後方，策應滅曹的北伐戰爭。劉備在實現近期目標後實力增強，將與曹操爭鋒，問題是如何選擇有利時機。

「一旦天下有變，就命一員上將率領荊州軍隊北上宛城、洛陽，將軍親自率領益州軍隊攻入秦川，百姓誰不用簞盛飯、用壺盛湯來歡迎將軍呢？果真如此，則漢室可興、霸業可成。」

劉備聞言茅塞頓開，更堅定了請我出山之心，當即頓首拜謝：「備雖名微德薄，願先生不棄鄙賤，出山相助，備當拱聽明誨。」我故作推辭：「我一向喜歡過田園耕作生活，懶得應付世事，實在不能奉命。」劉備聞言，竟淚流滿面，道：「先生不肯出山，黎民百姓將怎麼活啊！」說完大哭起來。我見劉備如此真心誠意，於是便欣然同意出山。

「隆中之對」一直讓我引以為傲，可以說正是「隆中之對」使得劉備絕處逢生，立穩根基，日益發展，與之前建立的魏、吳政權鼎足天下。對於「隆中之對」我有以下幾點經驗之談：

▋目標是成功的起點

生活中有些人活著沒有任何目標，他們在世間行走，就像河中的一棵小草，他們不是行走，而是隨波逐流。

隨波逐流的人隨大流，繞圈子，瞎忙空耗，終其一生。一幕幕「悲劇」的根源，皆因缺乏自己的人生目標。由此讓我想起，我曾見過的一件有趣的事情：

有幾個小孩貪玩，把幾條毛毛蟲放在一個花盆的邊緣上，首尾相接，圍成一圈，在花盆周圍不到半公尺的地方，撒了一些毛毛蟲喜歡吃的松葉。毛毛蟲開始一個接一個，繞著花盆，一圈又一圈地走。一個小時過去了，二個小時過去了……毛毛蟲還在不停地、堅持地團團轉。幾天之後我再去看，毛毛蟲都因飢餓和精疲力盡而死去。這其中，只要任何一隻毛毛蟲稍稍與眾不同，便立刻會過上更好的生活。

有些人又何嘗不像這毛毛蟲一樣，看起來忙碌不堪，但當問他為何而忙時，他卻只能搖搖頭說：「瞎忙」。這種人既不會成功，也不會真正快樂。正如中國偉大的思想家莊周所說：「哀莫大於心死，愁莫大於無志。」

僅僅制定了目標是不夠的，同樣都是有目標的人，有人成功了，有人卻失敗了，這就取決於他是否專注於他所認定的目標。

在茫茫的大草原上，一位老獵人有三個兒子。這天老獵人要帶三個兒子去草原上獵野兔。一切準備就緒，四個人來到了草原上，這時老獵人向三個兒子提出了一個問題：

「你們看到了什麼呢？」

老大回答道：「我看到了我們手裡的弓箭，在草原上奔跑的野兔，還有一望無際的草原。」

父親搖搖頭說：「不對。」

老二的回答是：「我看到了爸爸、大哥、弟弟、弓箭、野兔，還有茫茫無際的草原。」

父親又搖搖頭說：「不對。」

而老三的回答只有一句話：「我只看到了野兔。」

這時父親才說：「你答對了。」

這是我從別人那裡聽來的故事，之所以講出來，是為了告訴你：專注就是把意識集中在某個特定欲望上的行為，並要一直堅持到已經找出實現這個欲望的方法，而且成功地將之付諸實際行動。你可能還意識不到專注的力量，但它的力量卻是無窮的。

為了保證你的工作效率以及最大限度地發揮自己的能力，你必須學會拒絕，學會拒絕那些耗盡你精力和時間的行為，你必須將你的注意力從那些與你的目標無關的事上挪開。

請記住，背離了你所應該專注的事業，就是背離了成功。

偉大的目標會產生偉大的動力，偉大的動力產生偉大的行動，偉大的行動必然會成就你偉大的事業。

　　制定目標切忌畏首畏尾，應該將目光放長遠一些，如此偉大的目標將充分發掘你身上無窮的潛力。「目標越遠大，人的進步越大。」一個不想當元帥的士兵，不僅永遠不可能當上元帥，甚至不能成為一個好士兵。

　　總而言之，目標是成功的起點，有了目標你才不會隨波逐流；專注目標，你才會離目標越來越近；遠大的目標能使你發揮無窮的潛力，獲取最大的成功。

▎先有目標，後有行動

　　明確了方向，確定了目標，就應該用實際行動去追求你的理想。

　　也許你心中有像鷹一樣展翅翱翔的願望，但你現在要做的不是繼續夢想，而是應該學會「立刻行動！」

　　這聽起來很簡單，但成千上萬的人都沒能做到這一點。

　　成功屬於誰？屬於那些充滿自信、鍥而不捨的追求者。他們永遠全身心地投入、永遠保持著高度的熱忱。當然，要做到不屈不撓並不容易，人人都有脆弱的時候，沒有必要永遠硬著頭皮保持一副硬漢形象。有時候，你的理想會顯得那麼遙不可及，或是看上去只是一個無法實現的幻想。原因很可能在於你自己太急於求成了。這時不妨放慢節奏，循序漸進。成功人士往往總比別人先行一步，日積月累，他們的身後便留下一串超越常人且值得驕傲的業績。

　　懂得了這個道理，才會成功。

　　事業的發展是一個過程，絕非一蹴而就的事情，它需要人付出很多艱辛的努力。

　　在這個過程中，你必須依靠日積月累的辦法，最終，這些艱辛的努力才會像涓涓細流匯聚為勢不可當的洶湧波濤，而且有的時候，成功的到來比你預計得要早。

「一口吃不成胖子」，這個道理不知道被重複過多少遍。在此，我希望你也能深知其道，把自己人生的目標分階段地實施，切忌有一下到位的想法。沒有這樣一個分階段的習慣，可能會在某一時段裡摧毀你的身心。成大事者的良好習慣是有大目標，也有小目標，用小目標組合大目標！

那應該如何設定自己的目標呢？

也許你有十個、二十個目標，也許只有七、八個，不管這些目標有沒有可能實現，全部把它寫下來；先不要設定期限，再從全部目標中選出四個最重要、最想要在今後達成的目標，再選出其中一個最重要的為核心目標。

所謂核心目標，就是你在今後最想達成的目標。選出核心目標之後，再把其他三個目標依照先後順序排列；當你完成這些步驟時，你已經有四個非常明確的目標，而且是依照先後順序來排列的。

有百分之九十的人設立目標，可是他們沒有排定先後順序，因此他們的時間管理不當，時常在同一個時間做非常多的事情，而且效率不佳。他們非常忙碌，感覺到非常大的壓力，可是當目標達成時卻沒有很大的成就感，原因就出在他們沒有排定目標的優先順序。

列出先後順序後，下一步是要訂出具體的完成期限。

每一個目標都需要有具體完成的期限，然後再把每一個期限分割出每一個月的工作──如果你七月份要達成核心目標，那要先制定在一月份要達成哪些事情，在二月份要達成哪些事情等等。

這樣的規劃方式，會讓你的生活更有系統、更有組織；你會感覺凡事更輕鬆、更能夠事半功倍；到達目標的機率，也會有非常大的提升。

「孤之有孔明，如魚之有水也」：要成功，首先得建立自己的關係網

一個人的學識、品德應是其實現理想的基礎，那什麼是一個人實現理想最重要的資本呢？在我看來是人際關係，也就是關係網。如果建立關係網，不違背道德的標準；運用關係網，沒有超出律法的範疇，那這樣的關係網就是健康的、有利的，對個人的成功更是須臾不可分離的。

一個人的學識、品德應是其實現理想的基礎，那什麼是一個人實現理想最重要的資本呢？

在我看來是人際關係，也就是關係網。提起關係網，有時人們帶有某種貶義，這是片面的。關係網本身並沒有錯，關鍵在於看它是如何建立起來，是如何運用的。如果建立關係網，不違背道德的標準；運用關係網，沒有超出律法的範疇，那這樣的關係網就是健康的、有利的，對個人的成功更是須臾不可分離的。

我也有自己的關係網，而且是一張強大的網絡：我的叔叔諸葛玄和荊州牧劉表是故交，我們一家來到襄陽之後，受到劉表的特殊照顧，很快和當地名門建立起密切的關係。我的一個姐姐嫁給了襄陽德高望重的大名士龐德公的兒子龐山民，號稱「鳳雛」的龐統是龐德公的侄子；我的另一個姐姐嫁給了蒯祺，蒯祺是襄陽大豪族蒯氏一員；我妻阿醜是沔南名士黃承彥的女兒，阿醜的母親與劉表的妻子是親姐妹，當時統領荊州兵馬的蔡瑁是阿醜的親舅父；潁川司馬徽、徐元直、汝南孟公威、博陵崔州平等是我要好的朋友。如此龐大的關係網絡，對我的成功具有很大的幫助。

其實劉備「三顧茅廬」，不僅僅是因為我有「逸群之才」，還因為我在荊襄地區的勢力和影響。「三顧茅廬」的發生，有其具體的背景，只要分析一下當時荊襄地區的各方政治力量，就可以看出。

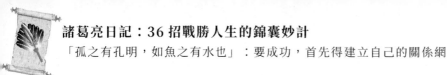
我出身於官宦世家，原籍琅琊陽都，因戰亂不得不背井離鄉漂泊荊州，成為「躬耕隴畝」的「飄然一僑居客」。我到了荊州南陽地區後，就投靠了襄陽地方豪強，並與荊州統治集團中的各派人物都有聯繫。

首先，我定居南陽郡縣以後，娶妻阿醜，透過聯姻投靠了龐德公為首的地方勢力。

荊州地區是漢皇室、功臣和外戚的發跡之地，由於皇室的縱容和長期扶植，當地豪強勢力迅速膨脹，形成了一股不容忽視的力量。凡進據該地者（如劉備），均須尋求並獲得這股勢力的支持。鄧縣東二十里的襄陽，係荊州北部重鎮，也是劉表的治所，地方豪強勢力特別強盛。許多流寓荊州的北方人士，也都集中於此，他們彙集在「商山四皓」式人物——龐德公周圍，形成一股強大的勢力。

龐德公居住峴山之南，「未嘗入城府」，「苦居田畝而不肯官祿」，對功名不甚看重，許多人拜倒在他門下，而誰得到他的好評，立刻就會身價百倍。我為「臥龍」，龐統為「鳳雛」，司馬徽為「水鏡」，都是龐德公給的封號。

龐德公的兒子龐山民，也很有名氣，是魏黃門吏部郎，與我姐結婚，透過此關係，我便投入龐德公門下。在他門下，我才結交了一批襄陽頗具影響力的人物，如徐庶、司馬徽、龐統、崔州平、石廣元等。其中徐庶本很落魄，「南客荊州」後，結交了以龐德公為首的地方勢力，才小有名氣。司馬徽原籍潁川陽翟，後流寓襄陽，是襄陽主持鄉里清議的名士。我和龐統就是由他首先舉薦給劉備的。我所交往的都非凡夫俗子，我們交相讚譽，造成很大影響，控制了當時荊州的輿論。

劉備在荊州，訪士於襄陽司馬徽，司馬徽說：「儒生俗士，豈識時務，識時務者在乎俊傑，此間自有臥龍、鳳雛。」可見，譽毀否完全操縱在我們手中。

此外，我投奔了襄陽黃承彥，還交結了蒯氏，從而與荊州的實權派有了密切的聯繫。

正是由於如此強大的關係網絡，才使我把自己的身分從「布衣」人群中分離出來。而劉備也一定注意到了此點，想透過我，達到「舉逸民，而天下之民歸心」的目的，贏得襄陽地方豪強的支持。

「三顧茅廬」之後，荊楚人士從之如雲。先後投奔劉備的有龐統、馬良、馬謖、楊儀、習禎、廖化等。這批人舉家，甚至舉族從軍。他們所率領的家族和關係網，是劉備擴軍的主要來源。也難怪劉備在請我出山之後，會發出「孤之有孔明，猶魚之有水也」的感慨了。

多一個朋友多一條路

世上有很多路，但朋友之路是萬萬不可斷絕的。「多個朋友多條路，多個冤家多堵牆」，這句話是至理名言。多交朋友，少樹敵人，對每個人都是有意義的忠告，在成大事者的人生中，處理好人際關係是極其重要的一點。

我認為人際關係至少具有四大功能或者說四大作用：

其一，產生合力

平時，我們常說的「人多力量大」，「團結就是力量」，「人心齊，泰山移」，說的就是這個道理。個人的力量畢竟是有限的，想我諸葛孔明即使智慧超群，也難敵千軍萬馬，但如果集眾人之力則有可能。也就是說，只有借助眾人之力，才有可能創造輝煌的人生。而要獲得眾人的幫助，上下一心，達到目標，那就必須學會打好人際關係。

其二，形成互補

俗語說：「一個籬笆三個樁，一個好漢三個幫。」一個人，即使是天才，也不可能樣樣精通。所以，要完成自己的事業，就必須善於利用別人的智力、能力與才幹。然而，用人並不僅僅是一種簡單的人與人之間的關係，而最大限度地調動所用之人的積極性，就必須掌握一定的人際關係技巧。

其三，聯絡感情

我們每個人都是有感情的，我們必須隨時進行感情上的交流，我們需要獲得友誼。在邁向成功的道路上，要想堅持到底，僅僅依靠信念的支持是不夠的，還必須有友誼的滋潤。良好的人際關係會使你獲得一種強大的力量與熱情，在成功時得到分享和提醒，在挫折時得到傾訴和鼓勵，這必將有助於你心理的有益平衡，從而有勇氣邁向新的征程。

其四，交流資訊

可以說，掌握了資訊就等於是掌握住了成功。一項珍貴的資訊可以使人功成名就，腰纏萬貫；而資訊封閉也可能會使人貽誤戰機，遺憾終生。廣交朋友，善處關係，無疑就是一條十分有效的資訊獲取途徑，這樣，你就能夠在競爭中始終處於領先的地位，取得事業上的成功。

組建自己的關係網，把握好人情帳戶

人事關係在社會上是一種資本，若要它長久就不得不節用。

那些令人羨慕的成功者，除了他們本身優越的條件外，還有一點，就是他們身邊有一群非常要好的朋友。這些朋友為他出謀劃策，對他提出高水準的要求，不讓他有絲毫的鬆懈和半點的頹廢。

為了成功，你也需要有這樣一群好朋友，需要有這樣一張良好的人緣網絡。

那究竟應該如何組建自己的關係網，把握好自己的人情帳戶呢？

編織關係網，已經認識的人很重要。你目前的人際關係網是打造你未來關係網的原料，因為他們都有自己的熟人，而他們所熟識的人又有自己的關係網。

成功建立關係網的關鍵是選擇合適的人建立穩固的關係。良好的人際關係能開拓你的視野，讓你隨時瞭解周圍所發生的事情，並提高你傾聽和交流的能力。

　　良好、穩定人際關係的核心必須由十個左右你所信賴的人組成。這首選的十人可以是你的朋友、家庭成員以及那些在事業上與你關係緊密的人。這些人構成你的影響力內圈，因為他們能為你創造一個發揮專長的空間，而且彼此都是朝同一個方向努力。這裡不存在勾心鬥角，他們不會在背後說東道西，並且會從心底希望對方成功，你與他們的合作會很愉快。

　　至於為什麼要將人數限定為十人呢？因為這種牢不可破的關係需要你一個月至少維護一次，所以十人就足以用盡你所有的時間。

　　另外，你必須與至少十五個人左右組成的後備力量保持一定的聯繫，以作為你十人內圈的補充。

　　編織關係網的前提，不是「別人能為我做什麼」，而是「我能為別人做什麼」。在回答對方的問題時，不妨補上一句：「我能為你做些什麼？」

　　保持聯繫是建立成功關係網的另一重要條件。經常與你的朋友會面，有利於掌握好你的人情帳戶。除此之外，保持聯繫可以讓你們分享資訊，得到更多成功的機會。

　　此外，至少每三個月調整一下你的關係網。要多問問自己：「為什麼要保留這個關係？」如果你不定期更新或增加新人，你的關係網絡就會老化，其威力會大大減弱。

　　優秀的關係網絡是雙向的。如果你僅僅是個接受者，無論什麼網絡都會疏遠你。搭建關係網時，要做得好像你的事業和個人生活都離不開它似的，因為事實上的確如此。

初出茅廬，一戰立威：用自己的能力樹立威信

威信對於一個領導者來說是極其重要的，如果要用一句話加以概括，我認為：威信是權力的通行證。我追隨劉備，盡心盡力出謀劃策，劉備對我也很信任，給了我足夠的權力，但我尚無寸功卻忝列高位，必難以服眾。博望坡一役，從張飛的言語中就可以知道他的輕視與不服，我不怪他，只能怪我自己沒有威信。

「隆中之對」讓劉備對我的才學佩服得五體投地，順理成章地便虜獲了他的心。我的出現，猶如給了黑暗中行走的他一線希望、一絲光明。

在新野，我得到了貴賓般的待遇。劉備待我如師，食則同桌，寢則同榻，共論天下大事。

按理說，我應該快活逍遙，因為得到劉備的器重。然而我深知，在那樣一個特殊的環境裡，光靠嘴上功夫絕對不行，只與高層來往，沒有親信或是對自己敬佩、景仰、信服的人是萬萬行不通的。因此，我急需一場戰鬥，一場酣暢淋漓、完美的勝戰，來樹立我在軍中的威信，讓所有不服的人對我信服，讓佩服我的人對我更加依賴，讓關羽、張飛不再藐視我，要讓他們尊敬我，俯首聽命於我。雖然我知道要改變這一切並不容易，但我隨時注視著身邊發生的一切，因為我自始至終認為，一切都要靠成績來證明。

機會終於來臨，曹操自任丞相、平定北方之後，聚集眾武將率大軍南下而來。劉備對此惶恐不已，而我也暗自尋思，到新野後的第一個問題：面對南來的曹軍，怎麼辦？以一千餘兵如何抵擋十萬之眾？劉備見我神情嚴肅，著急地詢問我有何妙計。我很坦然地告訴他，徵兵三千，由我帶領操練。

對於我的提議，劉備欣然答應，並立即行動起來。從此之後，我夜以繼日地加緊對士兵的操練，準備迎戰曹操。

　　不久，曹操差夏侯惇率十萬大軍向新野殺來。劉備請我去商議對策。我心中早有打算，但恐關羽、張飛不肯聽從號令。這是軍中兩員猛將，又與劉備是結拜兄弟，平日對我就不太恭敬，要調派他倆聽從指令，必須依靠劉備。

　　我深知，這是一個讓關羽、張飛信服我的絕好機會，為此，我要求劉備授我劍印以調度大軍，有違軍令者斬！

　　經過劉備的授權，我召集眾將，按早已成竹在胸的計畫部署兵力：雲長帶兵一千，埋伏在豫山，放曹軍前衛，不要對敵。看南面火起，方可出兵攻擊。

　　命張飛引兵一千，埋伏在安林背後山谷中，見到南面起火，便衝向博望坡，縱火焚燬糧庫。

　　命關平、劉封引兵五百預備引火之物，埋伏在博望坡後兩邊，只等天黑，敵軍一到，便放火。

　　接著，我又從樊城調來和我關係比較密切的趙雲，令其為前鋒，與敵交鋒，許敗不許勝。

　　最後，我囑劉備引一軍為後援。

　　部署完畢，我令各將領依計而行，不得有失。失者，軍法處置。

　　我在說失者，軍法處置時故意加重語氣，目的是想震住關、張二人，然而並沒有收到效果，關羽很不服氣地質問我：「我們都有分派，不知軍師你做什麼？」我說：「坐鎮本部，見機行事。」我話音未落，張飛冷笑一聲說：「哼，我們去拚命，你在家閒坐，好自在！」

　　這分明是對我的挑釁，是對我決策能力、執行能力的質疑。我怒不可遏地舉起劍印，「這是軍令，違令者斬。」我的語氣很強硬，因為我知道，該強硬時絕不能手軟，該殘忍時絕不能仁慈，這是一個領導者必須具備的素質。

　　在這一事件上，劉備和我站在了同一陣線，使得我的決策能得以徹底執行，並取得最後的勝利，大敗夏侯惇，也換取了關羽、張飛的尊敬和眾將領的愛戴。從這件事上我深深地體會到：

威信要一點一點立起來

威信對於一個領導者來說是極其重要的，如果要用一句話加以概括，我認為：威信是權力的通行證。

我追隨劉備，盡心盡力出謀劃策，劉備對我也很信任，給了我足夠的權力，但我尚無寸功卻忝列高位，必難以服眾。博望坡一役，從張飛的言語中就可以知道他的輕視與不服，我不怪他，只能怪我自己沒有威信。

一個領導者僅掌握權力是遠遠不夠的，還必須為自己樹立威信。威信和權力是一個領導者的左膀右臂，缺一不可。

但凡事不可強求，成事應該有一個循序漸進的過程。領導者在下屬中樹立威信同樣也不可能一蹴而就，它必須是一個長期的、一點一滴的慢慢積累的過程，它是建立在領導者如何處理每一件事情、對待每一個下屬的基礎之上的。用劉備告誡劉禪的一句話：「勿以善小而不為，勿以惡小而為之」來形容領導者威信的樹立是非常合適的。

明白了這一點，領導者樹立威信，在我看來至少應做到以下幾點：

一、領導者要無私

無私才能無畏，無私才能有威。只有一心為公的人才可能受到下屬的敬重，才能在處理問題上無所畏懼，才能在下屬心目中建立威信。

二、領導者要說話算數

言必行，行必果。言行不一，說一套、做一套的領導者不可能具有威信。

三、領導者要有不屈不撓的勇氣和意志

毫無疑問，任何一項新的決策在執行過程中會有或多或少的阻力與壓力，而作為領導者卻不能輕易放棄，要把自己的決心和意志表現出來，不因為害怕承擔失敗的責任就裹足不前，喪失信心。

四、領導者要明白威信不是建立在簡單的命令基礎上

因為，提出問題不僅比簡單地下命令更容易讓人接受，而且，它還常常會激發一個人對於解決那個問題的積極性。

這最後一點也是我認為最重要的。打鐵還需自身硬，處在領導的位置就必須具備勝任這一位置的能力。樹立威信，你的能力是最好的武器，下屬之所以輕視你、不肯聽命於你，是因為你初來乍到，他們對你還不瞭解，只要你在適合的時機恰當地露一手，就會猶如在一潭平靜的水中丟一顆石子，一石蕩起千層漣漪，讓你的下屬讚歎不已、心悅誠服。從博望坡一役，我還深刻地體會到，要成為一名讓下屬信服的領導者，就必須具備兩大能力：決策力和執行力。

領導者應具備良好的決策能力

我們不論做什麼事，都是始於決策，成於決策。

博望坡一役，我戰前的一系列安排，都屬於決策，之所以取得以少勝多的佳績，都在於決策的正確。

從現實來看，決策幾乎無時不在、無處不在：小到你我日常生活的衣食住行，如買什麼樣的衣服、吃什麼樣的菜、住什麼樣的房子等等，都需要透過決策才能使之一一得以完成和實現。

當然，在不同的情況下，對不同問題所做的各種決策，其複雜程度、難度、作用和影響都是不一樣的。在日常生活中所做的個人決策，更不能與領導者所做的決策相提並論。而對領導者而言，決策能力是其必須具備的能力之一。

領導者所做的正確決策，不僅可以使下屬在做事前便「胸有成竹」，做到目標明確、方向清楚、情況瞭然；也可以使下屬在做事情時能「行動有力」，做到任務到位、責任到人、奮鬥到底；最後，才能如願以償，更好地實現既定目標。

身為領導者必須具備決策能力，如此方能做好領導工作，當好「領頭羊」。

然而，具備高超的決策能力，則必須懂得把握決策的科學規律、養成良好的決策習慣。以我自己為例，我在決策時通常會注意以下幾點：

・多方徵求意見

當面對一個棘手問題時，不但要向有經驗者請教，而且還要考慮去詢問那些沒經驗的人。一個沒經驗的人，往往會提出創造性的意見。

・毫不吝惜地拋卻枝節問題

我做決策最怕被過多的細節所干擾，因此必須堅決刪除易於引起誤解的細節，只把精力集中於幾個至關重要的方面，切忌「頭痛醫頭」、「腳痛醫腳」。

・充分地掌握全面情況

為解決一個問題而思考時，要從每一個角度審視它，翻來覆去談論它，直至挖出問題的核心，找到真正的問題所在。

・對解決問題充滿熱情

熱情應是領導者須具備的優良品行之一，決策時充滿熱情、迎難而上，更易把問題解決好，作出正確的決策來。

・多想方案，進行篩選

決策不是一、二個好的點子，而是對全局的整體謀劃，多準備幾個方案，擇優而行，這才是正確的決策方法。

・做事果斷，有勇氣

決策不僅需要正確的判斷力，更需要勇氣和膽量，特別是面對危機之時，要掌握大局，果斷決策，堅定地踏過去，將是「柳暗花明又一村」。

‧善於「想」，更善於「做」

在決策時，領導者不光是善於「想」的人，更應是一個善於「做」的人。決策的可行性是很重要的一個面向。行動上，盡可能簡單易行，注重可行性。領導者要能從「天上」回到「地上」。

‧掌握全面的情報

決策時領導者必須做到「眼觀四處，耳聽八方」，資訊是一切決策的關鍵。

除此之外還應做到「三快」：決策形成要快，決策方案實施要快，決策方案實施過程中的節奏要快。機不可失，時不再來，決策往往也有時效性。

以上這些還很不足，只是我的經驗之談，我也曾就此詢問過「鳳雛」龐統，他對此卻有另一番見解。他認為一個優秀的決策者應具備十項品德，或稱為十項能力，如使命感、責任感、忍耐性、親和力、公平、熱情、規劃能力、洞察能力、勸說能力、創造能力，我覺得也很有道理。

總之，我認為任何一項成功的決策，都不可能是天上掉下來的「禮物」，也不會是決策者的「靈光一現」，決策是一門科學，更是一門藝術，決策也有一定的規律可循。

▎提高執行力，做一個開明高效的領導者

我這裡所說的領導者的執行力，其實是指如何做一個開明高效的領導者，提高下屬的執行力。

執行力對每一名下屬來說，都是其必不可少的能力。如果說領導者是指令的發布者，那被領導者就是指令的執行者。假如下屬不具備執行力或執行力很差，那即使領導具有再偉大的構想，再優秀的策略，也都將失去意義。

博望坡一役，如果沒有劉備的支持授我以劍印，我想關羽、張飛等均不會準確、有效地執行我的指令，這是非常危險的。為了讓身為領導者的你不

致於遇到與我一樣的情況，根據多年的經驗，我總結了以下幾個原則，希望能對你有所幫助。

一、鼓勵觀點碰撞

鼓勵「百家爭鳴」的制度，一個領導者必須盡其所能獲取好的建議，鼓勵下屬積極地提出建議，不但有利於決策，而且下屬會因此更積極地執行。

二、隨時準備得罪人

獎勵出色的下屬，懲罰表現不好的人，賞罰分明，能刺激下屬更好地完成任務。

三、建立信任

絕不低估「信任因素」：信任來自於向下屬展示許許多多優秀的品行，如才能、個性、勇氣、忠誠、信心、無私、奉獻和理解。獲取下屬的信任，他會對你言聽計從。

四、言行一致

設身處地為下屬著想，體會他們面臨的困難和做出的犧牲。你關心他，他自然會對你好，會死心塌地跟隨你。

五、選擇適合的執行者

選擇下屬執行自己的指令時，首先要看他是一個什麼樣的人，是否品德良好，是否具有完成任務的能力等等。

六、簡明扼要

向下屬簡明地簡述自己的指令，要求每個人肩負起自己的那份責任，以最有效的工作方式為完成計畫而奮鬥。

七、讓形勢決定策略

讓下屬保持靈活，切忌墨守成規、一成不變，這往往是危險的。

八、視下屬為夥伴

「官大一級壓死人」，切忌在下屬面前擺架子，視每一個下屬為自己的夥伴，你的平易近人會為你贏取更多人情。

九、相信下屬的能力

「用人不疑，疑人不用」，既將任務交給下屬，就切忌做一個監視者，而應充分放權，下屬會因此更積極。

十、以身作則

所有的下屬都在觀察你，下屬總是從領導者身上得到啟示。要下屬具備良好的執行力，你必須以身作則，榜樣的力量是無窮的。

在我看來，張飛、關羽、趙雲、黃忠乃至魏延等將領的執行力，與我孔明有很大的關係，在我的觀念中，我早將他們的執行力視為我自己的執行力，榮辱與共，得失相隨，我們之間為同一個目標而奮鬥，我們是一個整體。

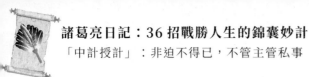
「中計授計」：非迫不得已，不管主管私事

龐德公語重心長地對我說：「人最基本的『領土意識』就是家庭，誰若未經同意闖入他人家裡，輕則要遭責罵，重則恐怕要遭一頓追打。別人的家事也一樣，沒瞭解清楚情況之前，千萬不要貿然闖入，萬一誤入雷區，說不定會被炸個粉身碎骨。」

自出山以來，劉備對我甚為器重，無論大事小事皆找我商議。我也每每讓他沮喪而來，乘興而歸。為了報答他的知遇之恩，我暗自發誓：我諸葛孔明當竭盡心力，輔佐劉豫州成就霸業，如有反悔，遭五雷轟頂。也正因為有此誓言，才樹立了我「鞠躬盡瘁、死而後已」的不變信念。

在新野我靜坐家中，卻眼觀四路，耳聽八方，我建議劉備派出探子，密切注視曹操和孫權的一舉一動。我深信，每一次戰爭的勝利是建立在有準備的基礎之上，只有詳細、深入研究，摸清當前局勢，才能兵來將擋，水來土掩，做到收發自如，而不被對手所牽制。

對對手如此，對朋友也該深入瞭解，因為戰場上沒有永遠的朋友，也沒有永遠的敵人，因為利益關係，朋友可能成為敵人，敵人也可能會變成朋友，這是我經常用來提醒劉備的。

對劉表的調查是我親自、祕密進行的。因為畢竟劉表和劉備關係非比尋常，弄不好會招來劉備的責備，我這種高智商的人是不會做這種蠢事的，據我對劉表的調查，第一手準確資料表明：

劉表年老多病，離大限之期不遠矣！其膝下有二子，長子劉琦，為人善良、老實，不為繼母所容；次子劉琮年方十四，頗為聰明，但被蔡夫人所掌控。一旦劉表逝世，荊州大權將落於蔡夫人等人之手，劉琦性命危在旦夕。

對我來說，只有運籌帷幄，才能決勝千里。

一日，派往江東的間諜回報：孫權破江夏殺黃祖，已屯兵柴桑。我判斷，劉表定會派人請劉備前往商議應對之策。果然不出所料，不到一炷香的時間，劉表便派人請劉備前往議事，我奉命跟隨。

席間，劉表有氣無力地說：「我年老多病，不能理事，賢弟可來助我，我死之後，賢弟便可主持荊州事務。」

我為劉表的英雄遲暮感嘆，為其辛苦了一輩子打下的基業將轉手易人而傷感。

卻不料，劉備堅決推辭，不管我怎樣向其示意，最後只留了句：「容我慢慢想想辦法！」便離開了。

回到館舍，我忍不住問劉備：「既然劉表要把荊州交給主公，為什麼還要推讓呢？」

劉備不假思索地說：「劉表待我，恩禮交至，我怎能趁他之危，奪他領地呢？」

我正想反駁，忽然有人報劉琦來見，我立刻預感到會發生什麼。

劉備將劉琦迎進了館裡。

劉琦跪在劉備面前，一把鼻涕一把眼淚地說：「繼母不容，我命危在旦夕，望叔父救我！」

關於劉琦和後母的不和，劉備也有所耳聞。便連忙扶起道：「這是賢侄的家事，為何問我？」

我在一旁只是微笑，心想：小子，要保性命，只有自動請兵去江夏鎮守，這是唯一辦法，別無他計。

劉琦在劉備這裡沒有得到任何答覆，便神情沮喪地離去。

第二天，劉備身體不適，囑我代往回拜劉琦。當時我也沒有多想，便欣然前往。劉琦邀我至後堂，懇切地說：「繼母不容，請救我。」我面露為難

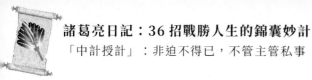
之色說：「我來此是客人，怎能插手骨肉之間的事，萬一洩漏，必有後患。」說完我就要告辭。

劉琦拚死挽留：「不說便罷，何必立即就走？」於是，又邀我入寢室共飲。其間，我仍閉口不說劉琦與後母之事。劉琦的這點心思，哪能逃得過我的法眼，我本無心管他私事，但無奈劉備把這個燙手山芋甩給了我，我也只得找個合適的法子辦了才行。可是，劉琦呀！劉琦！你不知道隔牆有耳這一說嗎？我又怎能在此地授你計呢？

劉琦見我不肯與謀，便說有一古書，請我一觀。說罷便引我登上一座小樓。

我剛站定，劉琦猛地跪在我面前淚流滿面地求我救他一命。

我左右為難，轉身便欲下樓，卻發現梯子已被撤走。我當時又氣又高興，氣的是，想我諸葛亮自比管仲、樂毅，沒想到剛出山就中計；高興的是，劉琦終於自己救了自己。

我鄭重地說：「公子難道不知春秋時申生、重耳的故事嗎？他二人被陷害，申生被迫自殺，可是重耳離家逃到國外得以保全性命！今黃祖已死，江夏無人守衛，你可請求屯兵把守江夏，禍便可免。」

劉琦大悟，連聲稱謝，並說：「日後有用得著的地方，肝腦塗地，在所不辭。」

次日，劉琦依我之言上書劉表，請求去守江夏。起先劉表還有所猶豫，後在劉備的說服下，欣然應允，我們也借勢得以回到新野，免去了一場不必要的戰爭。

回來後，我向劉備就其夥同劉琦算計我一事提出了強烈抗議，並告知我的立場：下屬不宜管主管私事。

▋非迫不得已，不管主管私事

記得在我答應劉備出山之後，我去拜別龐德公，順便去看我的姐姐，告訴他們我欲追隨劉備之事。龐德公一向對我非常器重，我從他那學到了許多知識，可以說龐德公是除我岳父黃承彥之外，我的另一個恩師。

臨別的氣氛總那麼憂傷，姐姐在一旁小聲哭泣，她是捨不得弟弟離她而去。征戰沙場，生死難料，也許這是我與她見的最後一面，想到此，我的眼淚也禁不住流了下來。倒是龐德公畢竟見過大世面，他聽說我欲輔佐劉備實現鴻鵠之志，非常高興，直把我誇了一番。臨別之時，我問龐德公是否有話囑咐，這本是一句無意之言，卻讓我獲益匪淺。

龐德公聽我求教之言，遂語重心長地說：

「孔明，你可知大多數動物都有『領土意識』，像狼，它們在住處四周撒尿留下自己的氣味，這是在劃定自己的領土範圍，警告別的狼群和那些獨自流浪的狼別越界闖進，如果哪隻狼闖了進去，它們便奮力群起而攻之，趕走『入侵』者。不僅是狼如此，狗、蝴蝶等動物也有這種行為。」

「『領土意識』其實就是一種自衛的意識，那我們人類有沒有這種意識呢？當然也有，只是和動物的表現方式不同罷了。」

「人最基本的『領土意識』就是家庭，誰若未經同意闖入他人家裡，輕則要遭責罵，重則恐怕要遭一頓追打。別人的家事也一樣，沒瞭解清楚情況之前，千萬不要貿然闖入，萬一誤入雷區，說不定會被炸個粉身碎骨。」

「今日你欲去實現自己的志向，這是好事，但我怕你過於年輕，閱歷太淺，不知為人處世之道，遂給你講了這一些，希望你切記。尤其要謹記：老闆的家事，非迫不得已不要介入，否則，引火燒身，遺害無窮。」

龐德公的這番道理我從未聽過，聽著非常新鮮，但我信龐德公，他這臨別之言必是十分重要，因此他的話在我心中留下了深深的印記。

後來劉琦因繼母不容求教於我，不是劉備與其一起算計，我定不會輕易管他家事，因為在這個問題上我有自己的處事原則，這也是龐德公的教誨：

一、盡量不與主管的家事沾邊，不僅主管，其他同事也是如此。

二、實在沾上甩不掉時，一定要觀察好前後左右的形勢，不要貿然說話和行動。

三、關鍵還是要看主管的意思。

四、當主管的公事與私事夾雜在一起時，原則上是以公事為重，又讓私事不覺得自己為輕。

總之，在我看來，離主管越近，與其家事的接觸就越不可避免，所以身為下屬（尤其是與主管關係親密的下屬），既要有處理公事的能力，又要有處理主管家事的智慧。二者缺一，事業難成。

▌掌握好與主管交往的分寸

俗話說：「伴君如伴虎。」無論你與主管多麼親密，你們是如何的「稱兄道弟」，但如果你是聰明人，你就會注意把握好與主管交往的分寸。我如此說並非聳人聽聞，而是眾多歷史事實均說明了這一點。

古人云：「功高震主者身危，名滿天下者不賞。」所以韓信被捕時，自我感嘆地說：「果然如他們所說的那樣！飛鳥盡，良弓藏；狡兔死，走狗烹；敵國破，謀臣亡。天下已經安定了，我固然應當死啊！」

在我看來，韓信之死是因他未能掌握好與主管交往的分寸。主管永遠是主管，他不可能做你「推心置腹」、肝膽相照的朋友，你不必對他有任何奢望，更何況很多人只能「共苦」而不能「同甘」呢？因此，我認為與主管交往時要注意：

一、和主管保持一定距離

任何時候你都要注意與主管保持一定的距離。

首先要注意與主管溝通時，千萬不要窺探主管的家庭祕密、個人隱私。你可以去瞭解主管在工作中的性格、作風與習慣，但是對他個人生活中的某些習慣和特點則不必過多瞭解。

其次要注意與主管保持一定距離，瞭解他的想法和主張，但不要事無巨細，研究他每一個行動步驟和方法措施的意圖是什麼。如果你凡事明察秋毫，他會覺得你的眼睛太亮，什麼事都瞞不過你，這樣他會產生很大的戒備，甚至是敵對心理。

總之，他是你的主管，會有許多事情對你保密。有一部分事情你只能知其然而不必知其所以然。因此，你千萬不要成為主管的「跟屁蟲」。和主管保持一定的距離還有一點需要注意，就是要注意時間、場合、地點。有時私下可以談的多一些，在公開場合就應有所收斂，有所避諱，不要使私人感情、私人關係超越了上下屬的關係。

二、不要總和主管泡在一起

有許多人認為能與主管泡在一起是一件好事，但在我看來此舉卻是愚蠢之極。

首先，總與主管泡在一起，「言多必失」，易暴露你的缺點，有的主管甚至因此對你的看法有所改變（變壞），他嘴上不說但心裡卻會瞧不起你。

其次，總與主管泡在一起，難免會有不愉快的時候，試想你與妻子、家人的關係何等親密，但有時你們也會產生矛盾，何況是上下屬關係的主管呢？

因此，我認為下屬與主管交往很必要，但應注意把握分寸，過猶不及，中庸才好。

三、別與主管認真

當主管大發雷霆時，你萬不可以牙還牙，要學會去緩和他的怒氣，你必須讓他知道你依從他的指令，而且明白他的意思——甚至在他未向你叫喊之前，你已經告訴他自己的工作進展十分順利。你要面對現實，與其視他如洪水猛獸，避之則吉，不如迎難而上，主動與之交談。

主管也是人，也有他的壓力與煩惱，因此如果你能瞭解他生氣也有自己的難言之隱（如他擔心計畫無法如期完成），由於一時恐懼失去心理平衡，

而向周圍的下屬「開火」。明白這個關鍵之後，日後你與這樣一位主管相處，便會覺得輕鬆自然一些。

四、與主管步調一致

處理好與主管的關係，更重要的一點就是要與主管步調一致。

也許你會說「任何時候都站在主管一邊，那自己豈不成了『馬屁精』」？其實不然，無論你與主管之間關係如何，你都應該謹記：如果你想讓自己有較好的發展前途，就必須得到主管的認可，尤其是在外界力量與主管發生衝突時（不違背道德、律法的事情），你必須站在自己的主管那一邊。因此在平時你要做到：向他表明自己的忠心，學會體諒主管，避免與主管發生正面衝突，關鍵時刻能替他出力；學會為主管辯護，不與主管爭功，努力與他言行一致，替主管分憂解勞。

掌握好與主管交往的分寸，努力處理好與主管的關係，這是每一個下屬都必須努力做到的事情，即使像我孔明這樣，遇到了明主劉備，但仍須將這些牢記在心，有備而無患，居安須思危，這是為人處世的大智慧。

聯合抗曹：借人之力，圖己之事

在我看來，一個人若想成就大事，必須學會借人之力，圖己之事。一方面可以彌補自己的不足，另一方面可以與人形成一股合力。我自比樂毅，一是因為樂毅之志與我相似；二是因為樂毅善於借人之力，圖己之事。他聯合秦楚之晉為燕昭王攻下七十餘城，如此戰績，問當今天下又有何人？

博望坡一役，火燒曹軍，大敗夏侯惇，使其退回許昌，我終於借這個機會上演了一場完美的處女秀。經此一役，關羽、張飛二人對我刮目相看，言語之間盡顯欽佩，劉備對我更是讚不絕口。一班人馬回到新野，狂歡慶祝。

與眾人的欣喜相比，我則是憂心忡忡。想那漢賊曹操此次損兵折將，豈能善罷甘休，必自引大軍來犯，到時憑新野這個彈丸之地，怎麼能與之相抗？為此，我向劉備諫言：趁劉表病危，借此機會占取荊州，然劉備憤而拒絕。我見他意已決，只得另做打算。

果然，曹操自夏侯惇博望坡兵敗之後不久，兵分五路率五十萬大軍攻打劉表、劉備和孫權。此時，劉表又不幸病逝，其子劉琮在蔡夫人的擺布下獻荊襄以降曹操，最後落得個身首異處的下場，真是可悲。讓人惱火的是，劉備再一次拋棄了我的建議，不去襄陽，執意前往樊城。最後一路損兵折將，輾轉至江夏。

經過這一次的變故，劉備元氣大傷，除了幾員虎將之外，就剩些殘兵敗卒，好在江夏劉琦處還有些兵力，劉琦自上次我授計救他之後，一直視我為再生父母，也願意聽我差遣，唯此讓我略感欣慰。

劉備自此次兵敗後，整天長吁短嘆，愁眉不展，食慾不振，為扭轉他的頹廢情緒，我決定授他一計，以寬其心。

我修書一封，著家丁送給劉備。書中內容如下：

今天下局勢您當一目瞭然，誰強誰弱，涇渭分明。曹操挾天子以令諸侯，近些年來發展頗為迅速。呂布、劉表、袁紹、袁術數雄已滅，天下英雄只剩您與孫權，然您又新敗，與曹操抗衡者只剩孫權。

然這是表象也，仔細斟酌，便能看出個所以然來。曹操挾天子雖能號令群雄，然畢竟民心所失，此次出兵更是不義之師，相比之下，您以仁義號稱於天下，人心所向；不義之師，討伐仁義之人，豈有不敗之理？關鍵在於您是否有取勝的決心？

　　我料劉備定不甘屈服，故意吊他胃口。

　　然空有決心還遠遠不夠，面對當前局勢，敗曹軍的唯一辦法是聯合孫權共同拒之。

　　我向劉備提出了自己的錦囊妙計：借人之力，圖己之事。

▍借人之力，圖己之事

　　在我看來，一個人若想成就大事，必須學會借人之力，圖己之事。我自比樂毅，一是因為樂毅之志與我相似；二是因為樂毅善於借人之力，圖己之事，他聯合秦楚之晉為燕昭王攻下齊國七十餘城，如此戰績，問當今天下又有何人？

　　欲成大事者也應學會借力，一方面可以彌補自己的不足，另一方面可以與人形成一股合力。

　　團結才有力量，只有與人合作，才能眾志成城，戰勝一切困難，產生巨大的前進動力，說合作是生存的保障實不為過。所以，是否養成良好的合作習慣，直接關係到一個人的前途大業。

　　但不是所有人都能有效地與人合作，善於團結人的人，天生就是一個領袖人物。他能引導其他人進行合作，或者引導他們團結在自己周圍，完成一項共同的事業。他善於鼓舞他人，使他們變得活躍。透過他的合作，他完成了單靠自己無法完成的事業。

　　可成大事的人有極強的號召力，能鼓舞並指揮屬下所有的人員獲得比在沒有這種指揮影響力之下更大的成就。成大事者最讚賞的一種人際關係是和諧發展，為什麼？人和，事業興。人與人相處是一件很平常的事，人本來就是群居動物；人與人相處能夠美好而又和諧，卻又是一件很不容易的事。三

教九流，人也各異。唯有和諧相處，生活才會美好，因為和諧是美的最高境界。

那又該如何在合作中營造這種和諧的境界呢？我認為至少可以做到以下幾點：

一、求同存異

與人相處，如果總是在強調差異，就無法相處融洽。強調差異會使人與人之間距離越來越遠，甚至最終走向衝突。

如果把注意力放在別人和自己的共同點上，與人相處就會容易一些。

要減少差異就要設身處地為別人著想，以達成共識。為別人著想，就會產生同化，彼此間的關係就會更加融洽。

把自己融進對方，讓二人變為一人。這個時候，無須懇求、命令，二人自然就會合作愉快。

唯有先站在同一立場上，二人才有合作的可能。就算是對手，只要你與他有共同的利益關係，你們也可以走到一起。

二、坦誠相見

與人合作要坦誠相見。你拿一分真心待人，別人也會拿一分真心待你，你所「取」如何，就看所「與」如何。「愛人者人恆愛之，敬人者人恆敬之」。人不愛你、敬你，就表示你自己有所欠缺，你不必責人，先須反求諸己。因此我們應牢記在心「責己宜嚴，責人宜寬」。

三、做一個傾聽者

能夠聆聽他人是一種美德。

人人都希望有一個傾訴對象，也希望別人瞭解自己。但是如果二個人都希望傾訴和被瞭解，卻沒有一個人願意去聽對方的話，那麼二人就要麼爭吵，要麼互相不願碰面。因此，如果你想被別人瞭解，你先得學會聽別人傾訴。只有願意瞭解別人的人，別人才願意瞭解你。

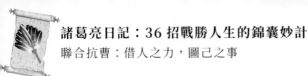

傾聽是一種藝術，只有懂得這門藝術，掌握這門藝術，才易於溝通、交流與合作。

讓別人為你「添磚加瓦」

借人之力，圖己之事是成大事者常有的一種習慣，這樣可以利用對方的優勢來彌補自己的不足。

「利用」一詞似乎帶有貶義，但與朋友合作，互相幫助的確是成就事業的一種方式。如果能養成「他山之石，可以攻錯」的合作習慣，那麼這樣的人定會大有作為。

襄陽有個很成功的商人，朋友無數，三教九流都有，他也曾逢人就誇，說他朋友之多，天下第一。後來有人問他：「朋友這麼多，你都同等對待嗎？」

他沉思了一下說：「當然不可以同等對待，要分等級的！」

他說雖然自己交朋友都是誠心的，但別人來和他做朋友卻不一定都是誠心的。在他的朋友中，人格清高的朋友固然很多，但想從他身上獲取一點利益，心存二意的朋友也不少。

「對方有壞意，不夠誠懇的朋友，我總不能也對他推心置腹吧？」這位商人說，「那只會害了我自己。」

所以，在不得罪「朋友」的情況下，你也可以把朋友分「等級」，計有「刎頸之交級」、「推心置腹級」、「可商大事級」、「酒肉朋友級」、「嘻嘻哈哈級」、「保持距離級」等等。與對方交往的密切程度和自己打開心扉的程度往往由這些等級來決定，因為不同的朋友有不同的作用。

舉一個例子，利用「朋友」除掉隱患。

赤壁之戰時，不習水戰的曹操大軍，由於重用了熟悉水戰的荊州降將蔡瑁、張允，使曹軍的水戰能力有了很大提升。當周瑜乘船察看時，發現曹軍設置水寨，竟然「深得水軍之妙」。周瑜知道揚長避短可以以劣勝優，而防

敵變短為長可以幫助自己揚長避短，於是，周瑜暗下決心，「吾必計先除此二人，然後可以破曹。」

真是巧，正在周瑜絞盡腦汁謀定策略之時，曹操手下的謀士、周瑜的故友蔣幹來訪，周瑜一眼就看出蔣幹的來意，一是勸降，二是刺探軍情。於是，就想出了一條利用「朋友」的妙計。

周瑜當晚大擺筵席，盛情款待蔣幹。席間，周瑜開懷暢飲。夜間，周瑜佯作大醉之狀，挽住蔣幹的手說：「久不與子翼同榻，今宵抵足而眠。」當軍中打過二更，蔣幹起身，見殘燈尚明，周瑜卻鼻鼾如雷。在桌上堆著的一疊來往書信的公文中，蔣幹發現了「蔡瑁、張允謹封」之信，蔣幹大吃一驚，急忙取出偷看。其中寫道：「某等降曹，非圖仕祿，只因迫於形勢。今已賺北軍困於寨中，但得其便，即將操賊之首，獻於麾下，早晚人到，便有關報。」蔣幹尋思，原來蔡瑁、張允竟然暗結東吳，於是將書信藏在衣內，到床上假裝睡覺。

大約在四更時分，有人入帳低聲呼喚周瑜，周瑜故做「忽覺之狀。」那人說：「江北有人到此。」周瑜喝道：「低聲！」又轉過頭來衝著蔣幹喊了兩聲，蔣幹佯裝熟睡沒有作聲。於是，周瑜偷偷走出營帳，蔣幹趕緊爬起來偷聽，只聽得外面有人說：「張、蔡二都督道：急切間不得下手……，」後面的聲音更低，什麼也聽不清楚。不一會，周瑜回到帳內又睡了起來。

蔣幹在五更時分，趁著周瑜熟睡未醒，悄悄離去，溜回江北，他向曹操報告了所見所聞，並交上那封偽造的書信，曹操勃然大怒，立即下令斬了蔡瑁和張允，當兩顆血淋淋的人頭獻上之時，曹操方才恍然大悟說：「吾中計矣！」

周瑜利用蔣幹這個老朋友，巧妙地假曹操之手，一舉除掉了兩個最大的隱患。如此，才為後來火燒赤壁的壯舉提供了必要的條件。

舌戰群儒：雄辯決定一切

舌戰群儒，我充分展現了自己的辯論才華，面對投降派，我在以理服人的前提下，根據其人其論，分別進行反駁，對嘲笑的，反唇相譏；對為敵張目的，嚴詞斥責；對胡說八道的，冷嘲熱諷；對無知的，啟發引導……。

曹操南下，來勢兇猛，自劉備同意我聯合孫權抗曹之後，次日，我便奉命出使東吳。

一切如我所料，東吳的主降派們並不願意和劉備聯合抗曹，張昭首先對我發難，譏笑我自比管仲、樂毅是不知天高地厚。

對於他的自以為是，我用事實進行反駁。

我以少數兵力，成功地進行了博望燒屯，白沙用水，使夏侯惇、曹仁等輩心驚膽顫。管仲、樂毅用兵，也不過如此。何談不知天高地厚？

為挫東吳群儒的銳氣，我不僅反駁了張昭的譏笑，更是以庸醫殺人為喻，隱笑張昭之流是庸臣誤國。最後加大打擊力道，反唇相譏，譏諷張昭之流是「坐議立談，無人可及，臨機應變，百無一能。」只急得張昭臉紅脖子粗。

虞翻見張昭無話可說，遂大誇曹軍聲勢，想以此來勸阻孫權出兵。

這是一個實質性的問題，回答如何，直接關係到東吳之行的成敗，所以，我詳細地分析了曹操的軍隊：

「曹操兵雖多，但不足以懼。」

原因有以下幾個方面：

「其一，曹操本身所帶之兵，皆為北方之人，北方人不習水戰，且他們又連日惡戰，長途跋涉，已是強弩之末，無半點威脅；其二，袁紹的手下是蟻聚之兵；其三，劉表的餘部是烏合之眾。因此，雖兵有百萬也形同虛設，並沒有多大威脅。」

我話還沒說完，又引來虞翻的嘲笑。他笑我「軍敗當陽，計窮夏口」，還敢在此談不「懼」。

對虞翻的不知進退，我同樣以譏諷的口吻回敬：

「劉備以數千仁義之師，又怎能敵百萬殘暴之眾？今日退守夏口，是在等待時機。相反，今江東兵精糧足，又有長江之險易守難攻，爾等卻欲使主屈膝降賊，不顧天下恥笑——這樣看來，劉備才是真正不懼操賊的人啊！」

虞翻被我駁得啞口無言。

還沒等我端起茶杯，步騭又發話了，這呆子說我「欲效儀、秦之舌，遊說東吳」。

對於他的責問，我並不諱言，而是理直氣壯地說：

「蘇秦佩六國相印，張儀兩次相秦，他們皆有濟事救國之大才，此非畏強凌弱、慎刀避劍之人也。而你們聽到曹操虛發詐偽之詞，便畏懼談降，怎麼敢笑蘇秦、張儀呢？我替你們的膽小如鼠感到羞恥，替你們的主公孫權悲哀。」

步騭默然無語。

然而薛綜又說曹操已得天下三分之二，人皆歸心，唯劉備不識天時，以卵擊石，豈有不敗之理？

對於他我是憤怒譴責，為漢賊張目者「不足與言！」

一直沒有開口的陸績則鄙視我主劉備是「織席販履之夫」。對於這種揭人短處的行為，我輕蔑地反問：「您不就是袁術座間懷橘的陸郎嗎？當年高祖起身亭長，而終有天下，織席販履，又何足為辱乎？公小兒之見，不足與高士共語。」

陸績啞然。

在這場辯論中，我充分展現了自己的辯論才華，想我之對手，皆東吳久負盛名的才智之士，如果辯不勝他們，就無法說服孫權與我主劉備聯合抗曹。面對投降派，我在以理服人的前提下，根據其人其論，分別進行反駁，對嘲笑的反唇相譏；對為敵張目的，嚴詞斥責；對胡說八道的，冷嘲熱諷；對無知的，啟發引導。由於我的理足詞嚴，口若懸河，使得群儒盡皆失色。正是

由於那次舌戰，我給了投降派狠狠地當頭一棒，才使得之後的工作得以順利展開。

回去後，我把舌戰群儒的經過詳細地說與劉備，劉備對我大加讚賞，並問我如何具備此雄辯之才，我告知其實並無多少技巧，只須做到以下便可：

勇氣和信心的準備

雄辯之才並非一蹴而就，需要在平時的生活中慢慢地培養。要具備良好的舌戰能力，首要的是進行勇氣和信心的準備。

說話需要自信，自信好比底氣，只有底氣足了，說話才能泰然自若、滔滔不絕。

有些人在家裡說話口若懸河，可一到眾人面前就期期艾艾，誠惶誠恐，好像連嘴巴也不聽使喚，手也不知如何放，其實，只不過是換了個環境而已。

陌生的環境與人說話，總不免會有一個由恐懼到鎮定的過程。

那跟眾人說話與跟家人說話有什麼不同呢？

無非是跟眾人說話，場面大一些，陌生人多一些。面對這種場面，說話人內心往往會產生膽怯的心理，怕講不好被人恥笑，怕講錯了要負責任……諸如此類的壓力，都會造成說話者的恐懼心理。

戰國時期的蘇秦，其辯才威震天下，所謂「一怒而諸侯懼，安居而天下熄。」蘇秦擁有如此辯才，然而在他成功的背後卻也有一段如何克服恐懼的經歷。

那是蘇秦在學堂讀書之時，先生規定每隔數日，每個學生均要到台前致詞，講述自己一段時間以來的學習心得，蘇秦認為那是恐怖的事情，用他的話說：「隨著那致命的日子來臨，我幾乎嚇病了。每想到這恐怖的事，我就頭暈目眩，兩頰發熱，必須到學堂後面把臉貼在冰冷的牆壁上。」

時間慢慢地過去，蘇秦的恐懼一直沒有改變，有一次，他做了仔細的準備，欲以孔子為榜樣努力學習。可到上台之時卻開口說了一句：「孔子欲向

我學習。」之後便說不下去，鞠了一躬，在哄堂大笑中回到了自己的座位。蘇秦回憶那時的經歷說：「那時如果地上有個洞，我就會鑽進去，一輩子再也不出來。」不過蘇秦還真得感謝那次經歷，他說錯了話卻使他找回了勇氣，「反正臉都丟盡了，我還有什麼可怕的呢！」蘇秦從此像變了一個人，上台說話泰然自若，口若懸河，讓同窗與先生驚嘆不已。

蘇秦這樣的雄辯高手尚且如此，普通人又何嘗不是這樣呢？所以我們沒有理由希望自己一鳴驚人，從娘胎裡出來就是辯論高手。「不論怎樣的天才，生下來第一聲仍然是哭，而不是一首詩。」想想這一些，也就不覺得奇怪了。相反地，那種從未對眾人講過話的人，一上場便鎮定自若，談吐自如，倒是令人奇怪，難以置信。

既然緊張、恐懼人人會有，那麼又該如何克服呢？其實很簡單，只要像蘇秦一樣把面子拋在一邊，試問：還有什麼可怕的呢？最大限度地拿出勇氣，樹立信心，你就是一個辯論高手。

語言是這樣「練」出來的

話已至此，我見劉備對我所言很感興趣，遂索性將我所識盡數托出，誰叫他是我的主管呢？

一個人超人的口才並不是先天具備的，它是靠後天修練得來的，正所謂「世上無難事，只怕有心人」，只要有心，什麼事都可以做到。

修練口才，首先要克服膽怯的心理，不要總以為自己說不好，說的別人不愛聽，這樣只會導致惡性循環，越不敢說就越不會說，越不會說就越不敢說。應放下一切包袱，大膽地「秀」一回，哪怕講得不好，結結巴巴，對自己也是一次鍛鍊的機會。

實際操作時，應注意以下幾點：

要善於聆聽，準確捕捉交談者的反應並敏銳地做出相應的對策，力爭主動權，使整個談話顯得生動而有活力。

當陳述自己的話時，內容要實在，觀點應清晰，邏輯要嚴密，分析應中肯。只有有了這些實質內容，才會使你的談話引人注意，再加以連貫流暢的語序，妥貼的用詞，生動變化的句式，就更是錦上添花。

　　在一些場合，講話要簡單明瞭，這就要求有很強的歸納能力，在限定的時間裡，盡量簡明扼要地把意思完整地表達出來。這要求說話者思維敏捷，歸納能力強。

　　要有吸引人的氣度，如飽滿的情緒、誠懇的態度、熱情的氣氛、幽默的話語，這些都會使你的談話富有魅力，引人入勝。如果一個人談話有氣無力、平鋪直述、平淡無奇，會讓人感到是喝白開水一般索然無味。如果用你的眼神、微笑、幽默作調味劑，將會是杯香醇的龍井。

　　其實，每個人的談話風格各有特色，我們不必都練就那種妙語連珠、咄咄逼人的個性語言。洋洋灑灑、侃侃而談是風度；隻言片語、適時而發是風度；解疑答難、沉吟再三是風度；話題飛轉、應對如流也是風度。每個人的說話風格與他們的個性特徵、興趣喜好、思維能力、知識結構是分不開的。不必脫離自己的實際情況，東施效顰，搞得不倫不類，毫無風格可言。

　　我直講得口乾舌燥，劉備卻聽得津津有味，不知何時，劉備拿出文房四寶，竟記錄下了我講述的內容。

　　說也奇怪，我的這番經驗之談，竟使精明的劉備獲益匪淺，在經過一段時間之後，劉備的說話能力竟大有長進，有時說到盡興之時，還對我傻笑，好像在說：「孔明，你那舌戰群儒的本領，我劉豫州也具備。」

智說周瑜，堅定立場：激將之計，借題發揮

「曹操此次引百萬之眾，實為『二喬』，將軍只須尋此二女送與曹操，便能退敵。」大小二喬國色天香，她們夫君是誰？我孔明豈有不知之理，我聲情並茂，既講道理，又擺事實，看起來像周瑜摯友，其實我是想借此激出他對曹操的恨意，這也正是我此次江東之行的目的。

我諸葛孔明一世英名，舌戰群儒震驚四野，傳為美談，可對我智說周瑜，用激將之計，借題發揮，卻鮮有人知。

舌戰群儒只是前奏，是為聯合孫權掃除的第一道障礙，然而真正影響我此次遊說孫權能否成功的關鍵人物則是周公瑾——周瑜。

我對周瑜早有耳聞，此人年少才俊，心高氣傲，是孫權的得力助手，又因為和孫權有著特殊的關係（連襟），在東吳更是聲名顯赫。關鍵是孫權對周瑜甚為器重，因此要說服孫權與劉備聯合抗曹，先得說服周瑜。

我深知，憑周瑜的脾氣，除了孫權他是不可能再屈居別人尤其是曹操之下的，所以說周瑜是個堅定的反曹主戰派。但憑周瑜的才智和心機，要是我貿然說聯合抗曹之計，怕是不太妥當，俗話說：「一山不容二虎。」誰又願意對方的才智高於自己呢？於是我決定深藏不露，見機行事。

到東吳的第二天，傍晚時分，經過魯肅的安排，我見到了這個自命不凡的周公瑾。果然，周瑜故做深沉，打過招呼之後便將我晾在一邊，不理不睬，只顧和魯肅交談。

魯肅詢問周瑜，面對南侵的曹軍是戰還是和，周瑜不假思索地告訴魯肅：「曹操以天子的名義，其師不可拒，且其勢大，更不可敵。為東吳百姓著想，降是唯一的辦法，我明日面見主公，請他派使者前往投降。」

我深知周瑜想給我來個下馬威，俗話說得好：「強龍不壓地頭蛇。」想我諸葛孔明，不畏生死，出使東吳，目的不是與誰結怨，而是聯盟，救劉備於水深火熱之中，以實現我出山的夙願。於是，我決定智說周瑜。

面對周、魯二人的爭辯，我在一旁只管袖手旁觀。心想，好你個周瑜，明明是想戰，在我面前卻偏要說降，想挫我銳氣，就你這點心思，我諸葛孔明焉有不知之理？

周瑜見我冷笑不止，忍不住就打探箇中原因。

我笑著說：「您欲降曹，乃是識時務者，可算是俊傑，甚合情理。想那曹孟德用兵如神，過去只有呂布、袁紹、袁術、劉表敢與之對敵，今數人皆滅，天下無人可與之抗衡！唯有我主劉備不識時務，強與爭衡，存亡未保。將軍降曹，自可保富貴，國家何足惜！」

我名義上稱讚周瑜，暗地裡損他、激他。借他說降曹一事，激怒魯肅，順便借題發揮，說出我此行的目的。

果然，魯肅聞言大怒：「你是教我主屈膝受辱於曹賊？」

我不疾不徐地說：「子敬勿急，子敬勿急！今我有一計，既不需要派兵迎戰，也不必投降對方，只須一葉扁舟送二個人給曹操，便可退其百萬大軍。」

周瑜忍不住接口問：「但不知那是何方神聖，有如此能力？」

顯然，我的故弄玄虛、旁敲側擊起了作用。

我面無表情地說：「曹操在漳水新造了一銅雀台，他廣選天下美女，放出話來，必得江東『二喬』。此次引百萬之眾，實為此二女。將軍只須尋喬公，以千金買此二女，送與曹操，便能退敵。」

周瑜聽我一說，一下子神情緊張起來，質問我有何證據。

我隨手掏出早已準備好的曹植作的《銅雀台賦》朗誦起來：

「……立雙台於左右兮，有玉龍與金鳳，攬『二喬』於東南兮，樂朝夕之與共。」

周瑜聽罷，大罵曹操老賊欺人太甚。

我心中暗喜，臉上卻表現出滿臉困惑，邊勸解周瑜勿怒，邊火上澆油地氣他。

「江東去此二人，如太倉減一粟，大木飄一葉，將軍何須動怒。昔日漢武帝曾把公主許配給匈奴和親，今將軍何必吝嗇這兩名女子呢？」我聲情並茂，既講道理，又擺事實，看起來就像是周瑜的摯友，其實我是想以此激出他對曹操的恨意，這樣一來，嘿嘿……此計可成矣！

我的用心良苦終於換來了實質性的成果。周瑜對我的態度有了大轉變，並傻乎乎地告訴我，大喬乃孫策之妻，而小喬乃他之妻。我當時差點沒笑掉大牙，大小二喬國色天香，她們的夫君是誰？我豈有不知之理。

隨即，周瑜答應與我聯手導演一場抗曹大戰，以洩心頭對曹操的憤恨。至此，我的東吳之行算是有了實質性的成果。為了能讓我的經驗留給後人借鑑，我特意地把整個事件都記錄了下來，並重點提出了幾個與重量級人物談判時須注意的要點，內容如下：

▍攻人莫過攻心

事先詳細地瞭解對方的觀點、所知曉的材料論據的細節，以及對方可能作出的其他選擇等等，然後再開始說服對方。對方會認為，既然你想得比他更周全，知道的情況比他更全面，那麼，應該是你比他更正確。

一位成功地說服了對方，進而順利達到自己目的人說，他不過是在與對方談判時，率先把他們可能提出來的責難坦率地全部說了出來。雖然這些責難很有道理，他的解釋也未必完美無缺，但對方卻已在他的誘導下形成一種心理：既然他早已全部考慮過這些問題，那麼問題對他來說就不再是問題了。這種意識中的變化，使他的說服具有了真實的力量。

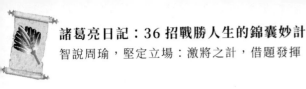
一個善於說服他人的人，往往能夠敏銳地發現對方某種內在的需要，並且在這種需要與他希望說服對方的話題之間建立起一種聯繫。

在談話中，每個人都有自己的思想、自己的主張，如果無視對方的存在，只管自己逞口舌之能，就會在雙方之間形成一種無形的鴻溝，影響合作。如果從對方的角度來考慮，從對方關心的事情入手談起，就會一下子引起對方的興趣，使他產生談話的欲望，營造談話氣氛，使你能夠進一步闡述你的主張和建議，誘使對方接受。

妙用激將，引大魚

人的心理世界和情感世界差不多與外在的客觀世界一樣奇妙而複雜，有時一句話反向說，可以促成對方正向的舉措，其中的奧妙就在於心理世界和情感世界的倏然變化──而怎樣變呢？這裡面也有一些規律：人們生活在社會上，處在各種複雜的矛盾關係中，一個人如何考慮問題完全由自己的是非判斷和情感好惡決定。只要你事先瞭解對方的情感好惡和是非標準，只要你知道了對方處在社會關係網絡中的哪一個點上，你就可以根據社會平衡關係，或投其所好，或投其所惡，機動靈活地激發對方產生某種情感傾向和心理傾向，然後促使他按照這種傾向做出有利於自己的決策。這種辦事方法就是世人常用的激將上鉤法。

激將上鉤法重在人的心理戰，讓人在某種情緒衝動和鼓動之下做出毅然的舉措。一般較有效的方法是設法戳到他的痛處。

戳到對方痛處能激發對方辦事的巨大力量。「激」，確切地說，就是要從道義的角度去激對方，讓對方感到不再是願不願意去做，而是應該、必須去做。

以義激之的方法非常有效，因為傳統道德文化中有一個重要的面向，就是重視人的品德修養，講求道義、氣節。對於義，每個人都有自己的衡量標準，在每個人的心中都有一面旗豎在屬於做人道德的領地。激之以道義，恰恰是去觸及對方的內心深處，讓他認為對方「求助」的實質是道義的行為。

所以說，義，是一種促進力、凝聚力，它能讓每一個具有基本道德的人主動擔負起某些責任與義務。

但也不是說所有的以義相「求」，其「求」的內容都是深遠、重大的。在平常的生活瑣事之中，仍然可憑藉道義去激對方，取得好的效果。

我曾聽說過這樣一個非常有趣的小故事：

王員外資金緊張，一時周轉不靈，想跟老朋友、老同學李員外借點錢，又不好意思開口，怕被拒絕。實在迫於無奈，只得去了老同學家裡，幾次準備開口，又難以啟齒，最後只好打算放棄。於是避開借錢不談，與老同學聊起往日的回憶，他們聊到以前二人怎樣親密、同甘苦共患難，有時甚至一個饅頭二人吃，往日的事讓他們熱淚盈眶。最後老同學又說了現在的生活，接著王員外也說了自己的現況。其實老同學最近也不怎麼好，可是想起以前與王員外的一起度過的日子，便主動提出要幫助王員外，幫他度過難關。

這種事例在日常生活中還有很多，就拿王員外來說，也許他自己都沒有感覺到有什麼特殊之處，甚至是都沒有開口相求，便決定放棄，但又確實是憑著道義達到了辦事的目的，可見道義在辦事中的重要作用，而我以「二喬」激周瑜也是出於此理。

除此之外，人的自尊、名聲、榮譽、能力等都可以作為「激將」的武器，與以上用道義激之亦有異曲同工之妙。

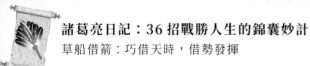

草船借箭：巧借天時，借勢發揮

因為我的聰明才智，甚至有人稱我為「鬼才」。在我看來「鬼才」是擁有奇特異常的逆向思維和風險意識的人才。人們之所以這樣稱呼我，是因為我不落窠臼，好走極端。但我的猜想和推理卻有特定的規律，並不是脫離實際的盲目行事。

因為我的聰明才智，甚至有人稱我為「鬼才」。

在我看來「鬼才」是擁有奇特異常的逆向思維和風險意識的人才。人們之所以這樣稱呼我，是因為我不落窠臼，好走極端。但我的猜想和推理卻有特定的規律，並不是脫離實際的盲目從事，想當年的「草船借箭」便是一例。

那是在周瑜巧施連環計殺了蔡瑁、張允之後，心胸狹窄的周瑜擔心此計瞞不過我，便叫魯肅前來試探。對於此舉我自不屑，於是便對魯肅直言不諱：「蔡瑁、張允已死，江東無患矣，應該向公瑾道喜！我聽曹操換了于禁、毛玠為水軍都督，在此二人手裡，好歹送了水軍性命。公瑾之計，只能糊弄蔣幹；曹操雖被一時瞞過，但終究會省悟。」

魯肅聽了我的一番話，胡亂找些言語支吾了半晌，便起身告辭。我知他定會將我之言如實告知周瑜，而周瑜聽後勢必嫉妒之心大起，認為我是江東之害，更是他之勁敵，定會千方百計害我。

果然如我所料，此後不久，周瑜聚眾將於帳下，請我一同議事。周瑜問我即日與曹操交戰，水陸交兵，應當先用什麼武器，我說大江之上，應以弓箭為先。於是周瑜便借此設計害我。他以軍中缺箭為名，讓我十日之內督造十萬支箭，以作應敵之用。我明知故意刁難，卻又不便推辭，於是便說：「曹軍將至，若等十日，必誤大事，就定三日為限。願立軍令狀，三日辦不成，甘當重罰。來日造起，至第三日，都督可差五百軍士來江邊搬箭。」

回到住處，我料魯肅會來探聽虛實，魯肅來時，我佯裝驚慌失措地對魯肅說：「子敬害我，將我之言告之公瑾，生出事端！三日如何造得十萬支箭，子敬救我！」魯肅雖覺有愧，但也無可奈何。接著我便向魯肅借了二十艘船，

每船要軍士三十人，船上皆用青布為幔，各束草千餘個，分立兩邊。又囑魯肅保密，否則我此次必死無疑。

魯肅始終不明我意，回報周瑜，果然不提借船之事，只說我並不用箭竹、翎毛，膠漆等物。周瑜滿腹孤疑，只等三日後再見分曉。

魯肅將我所需之物都已備齊，只等調用。第一日、第二日我並無任何舉措，直到第三日四更時分，我才密請魯肅到船中。我讓軍士將二十艘船用長索相連，徑往北岸進發。這天夜裡大霧漫天，江面上對面不能望見。我只管在船中飲酒，而身旁的魯肅卻憂心忡忡。五更時分，船已靠近曹營水寨，我令軍士把船頭朝西，尾朝東，一字擺開，軍士皆藏青布幔中，然後擂鼓吶喊。魯肅大驚唯恐曹軍殺將出來，我告之大霧鎖江，曹操定不敢出戰。我只顧勸酒，魯肅無奈只好奉陪。

曹操聽得擂鼓吶喊之聲，果然多疑，命一萬多名弓箭手往江中一齊放箭，箭如雨下，有的射落水中，有的扎在船邊束草之上。良久，我見杯中之酒傾灑，便讓船隊調轉，頭東尾西，再靠近曹操水寨受箭，一面繼續擂鼓吶喊。一直到太陽升起，霧氣漸漸散去，我才下令收船立即返回。這時那二十艘船兩邊的束草上都已扎滿了箭。於是我命軍士齊聲叫喊：「謝曹丞相箭！」我想曹操定氣得臉色發青，但待他追將出來，我們這邊船輕水急，早已放回有二十多里，哪裡還趕得上。

待船到岸之時，周瑜已撥五百軍士在江邊等候搬箭。十萬支箭，如數交納。我心中暗自得意，入見周瑜，想來魯肅已將事情始末告知，周瑜見我下帳迎接，稱羨道：「先生神算，使人敬服。」

周瑜辦不到的事我諸葛亮能出奇制勝地完成，顯然是因為我諸葛亮具有「鬼才」的特色。當然，我並非能呼風喚雨，而是我懂得天文地理，善於運用天時地利和超群的思維能力，這一「鬼才」之舉令世人瞠目結舌、讚嘆不已。而「草船借箭」，我總結了以下兩點：

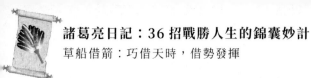

▋借風使力，借勢發揮

「草船借箭」是借力之計。關於借力，實例比比皆是。

記得當初，曹操在平定北方、統一中原之後，統率二十萬（號稱八十萬）大軍沿長江東進，企圖迫使占有江南六郡的孫權不戰而降，然後一統中原。

這時，我主已退守到長江南岸的樊口。受劉備的委託，我隻身一人前往柴桑會見孫權，舌戰群儒，堅定了孫權迎戰曹操的決心。於是，孫權和劉備結為聯盟，共同抗曹。我方聯軍與曹操的軍隊在赤壁相遇，揭開了赤壁大戰的序幕。

曹操軍隊不善水戰，初次交鋒，兵敗而回。曹操命令荊州降將蔡瑁、張允訓練水軍，周瑜大會群英，巧施離間計，使曹操斬殺蔡瑁、張允。曹操失去了善於水戰的指揮，窘迫之際，將大船、小船或三十為一排，或五十為一排，首尾用鐵環連鎖在一起，這樣，大江之上，任憑風大浪大，戰船不再顛簸，曹操以為得計。

周瑜得知消息，決心用火攻打敗曹軍。但是，時值冬季，江上多西北風，如果用火攻，不但燒不了曹軍，反倒要燒了自家戰船，周瑜為此坐臥不寧。我能察天文地理，早已測知冬至前後將會有一場大東南風出現，於是自告奮勇，要「借」一場東南大風，助周瑜一臂之力。

周瑜欣喜若狂，又得大將黃蓋以死相助，以「苦肉計」騙得曹操的信任。黃蓋在東南風乍起之時，駕著十餘艘載滿澆上了油和裹有硫磺等易燃物乾草的戰船，在夜幕來臨之際，迅速接近了曹操的戰船。黃蓋一聲令下，點燃乾草，十餘艘戰船在東南風的勁吹之下，猶如十餘隻火龍，直撲曹操的戰船。

剎那間，江面上煙火沖天。曹操的戰船連在一起，一船著火，幾十艘船跟著著火，曹操的水軍士兵大部分被燒死或溺死江中。火從江面蔓延到曹軍岸邊的營寨，岸邊的曹營也變成了一片火海。

我方聯軍乘勢水陸並進，曹操從華容道僥倖逃得性命，二十萬大軍損失殆盡。

赤壁一戰，為以後的魏、蜀、吳「三國鼎立」奠定了基礎。

「火燒赤壁」千古留名。這裡妙就妙在「借」東風上。沒有東風，火要燒自家。巧借外力破敵方助自己是戰爭中經常用到的戰術。

「借東風燒赤壁」與「草船借箭」雖形式不同，卻具有異曲同工之妙，都是借勢發揮。借力之效，在我看來，尤借他人之力為己所用為最佳。

我在隆中的時候有個鄰居，我們叫他黃老伯，七十多歲，個頭矮，人又瘦，但他每天早晨都在穀場一角打拳。初看他的拳軟綿綿，柔弱無力。一天，一位少年路過，與眾人一起圍觀，看著看著笑了起來：「那有什麼用？一點力也沒有。」幾個熟知黃老伯「厲害」的鄰居說：「那你與老伯比試比試。」少年人高馬大，臂力過人，又是輕蔑一笑，嘴上卻說：「不敢！不敢！」他說的「不敢」有雙重意思：一怕打傷了老伯；二不屑與老伯動手。黃老伯為了宣揚打拳的好處與威力，就說：「你來吧，沒關係。」又說：「你有多大勁就使多大勁。」經一再激勵、催促，少年就一下子猛衝向老伯，以為一下取勝。眼看一座高山迎面撲來，老伯側身一讓，同時抓住少年的一隻手，順勢一拉，少年一下竄出一二丈遠，站立不住，撲倒在地。這還是老伯用力有度，否則，少年要吃大虧。

少年起身紅著臉說：「力大無窮！力大無窮！」黃老伯卻說：「這是你自己的力，我只是借你的力讓你跌倒而已。」

黃老伯借力使力，恰似風越大船行越快，這是一個常識，更是一種智慧。

比如在這次周瑜逼我「造箭」之時，如不用借術，那就只有等死的份兒了。

▌按規律辦事，事半功倍

我的「鬼才」之舉令人讚嘆，但也並非是毫無底蘊的即興之作，「草船借箭」之所以能夠成功是因為它符合規律，並非是脫離現實的盲目行事。

生活是有規律的，一切事物都遵循自身的規律性，如果你想改變這些生活的規律，改變這些事物的規律，那就毫無秩序可言，其結果只會適得其反，

南轅北轍了。記得在學業堂讀書時，我的老師黃承彥曾講過一個這樣的寓言故事：

古時候，有一個北方人想到南方的某地。

北方人備齊車馬，收拾好行囊，然後便在一個風和日麗的日子驅車啟程，在馬蹄的「得得」聲中一路向北馳去。

路上，北方人遇見了一個熟人，這個熟人見到他，很驚訝地問道：「咦，你不是要到南方去嗎？怎麼現在卻往北走啊？」

北方人笑了笑說：「我有一匹好馬，還有充分的準備，我的馬夫技術又十分嫻熟，我什麼地方去不了呢？」

那個人聽後，看著地面上留下的車轍，善意地指給北方人說：「你看，你的車馬雖好，準備雖然充分，可是卻把方向弄錯了，這樣走只會越走離南方越遠啊！」

可是，任他怎麼說，北方人仍是固執己見。於是，在一陣打馬揚鞭的吆喝聲中，北方人隨同他的車馬終於與南方背道而馳越走越遠。

這就是「南轅北轍」的典故，此舉無異於「揠苗助長」，所努力的和所要達到的，猶如緣木求魚，背道而馳！

萬事皆有準則，不能太出格。大禹治水的故事世人皆知，他吸取了其父的失敗教訓，改堵為疏，最終治住了大水的泛濫。還有許多家長倡導早期教育的「零歲方案」、「小太陽方案」等，都是根據人早期開發智力的可能性做出的一些總結，都是有限的。換一句話說，無論怎樣開發，五歲的孩子是不可能成為大學生的，這就是生命的侷限性。有學生在面臨大考之時，總是打消耗戰，每天讀書十四至十八個小時，結果越學成績反而越差。生活中南轅北轍的事例還有很多，我們不得不加以注意啊！

占盡漁利，坐得荊州：螳螂捕蟬，黃雀在後

螳螂捕蟬，黃雀在後。這一寓言故事我八歲時就已知道，並深諳其中道理。競爭之道不在於勇，而在於巧。當一群人在一起為一點利益相互較量時，你可以躲在遠處，靜觀其變，從而藉機從中獲取漁利。暫退一旁，不意味著與人無爭。真正的競爭高手，總是先看、後想、再行動。

螳螂捕蟬，黃雀在後，這是《莊子·山木篇》中的一則寓言雙關警句。其意是：蟬兒不知，有一螳螂正伺機捕蟬；螳螂捕獵在即，心中快意；螳螂不知，一個黃雀即在其後，雀兒欲翅；又不知，有一孩童正引弓將彈。鳴蟬、螳螂、黃雀，他們忘乎在自己的眼前利益中，不知自己身後大難即將來臨。

這一寓言故事我八歲時就已知道，並深諳其中道理。故事是警示目光短淺，沒有深謀遠慮者。欲為一方鋒刃時，不思量更大的視野，以貪小利而吃大虧。處在損人位置上，不可不瞻顧自己之危。一心算計他物，就會招引別物來謀算自己，這是為臣的大忌，也是做人的大忌。而在我心中，捕雀人正如爭戰之英雄，我誓做捕雀之人。誰想正是我的這一年幼所學，竟讓我在與曹操、孫權的爭戰中占盡漁利，不但實現了誓做捕雀之人的願望，而且使劉備坐得荊州。

赤壁之戰後，曹操大軍敗逃北方，留曹仁據守南郡，周瑜欲取南郡。

曹仁先分兵於夷陵，與南郡互相照應。周瑜幾番損兵折將，均未能攻破城池。後周瑜強攻夷陵，得手後進軍南郡。南郡守兵出城迎戰，大敗潰散。周瑜率兵衝入城內，結果卻是一個陷阱，曹軍矢石俱發，周瑜損兵折將，狼狽逃走，自己左肋也受了傷。

曹仁大勝，派人連續幾日陣前辱罵挑戰，周瑜使出一計：假裝應戰，故意於馬上發怒大叫吐血，倒下地去。慌亂中被眾人擁著退兵，然後叫軍士傳言自己已死。曹仁被眼前勝利沖昏了頭，沒有多加分析，便在當夜去劫周瑜營寨，結果中了周瑜計謀，損失慘重。

當周瑜與曹仁爭鬥之時，我在江口按兵不動，每日操練兵馬，養精蓄銳，隔岸觀火，等待時機。直到周瑜與曹仁鬥得不可開交之時，我暗中謀算，令趙雲率兵進占了南郡，捉到了曹仁掌管兵符的將官。我用曹仁的兵符，詐調荊州守城兵馬前去救護曹仁，張飛趁機襲取荊州；我又差人持兵符到襄陽，詐稱曹仁求救，守城軍士不知是計，關羽未費吹灰之力又乘機拿下襄陽。

　　此一役中，我一石二鳥，占盡漁利，周瑜知我計取了荊州和襄陽，竟氣得昏死過去，這不能怪我，只怨他周瑜謀算不如人，敵國相爭，自危意識不強。唉！人生在世，勝敗相繼、安危平常，又怎能不多思量一些呢？

居安思危，未雨綢繆

　　古人云：「生於憂患，死於安樂」，意思是：「人要有憂患意識！」用更明白的語言來說，就是要有「危機意識！」

　　一個國家如果沒有「危機意識」，這個國家遲早會出問題。

　　《史記‧殷本紀》記載，殷紂王「好酒淫樂，嬖於婦人。愛妲己，妲己之言是從。於是使師涓作新淫聲，北里之舞，靡靡之樂」，他「大聚樂戲於沙丘，以酒為池，縣肉為林，使男女裸相逐其間，為長夜之飲」。據說，酒池之大，可供三千人牛飲。殷紂王與眾妃子飲酒作樂，聽的是靡靡之樂，跳的是北里之舞，男男女女裸露著身子，在酒池肉林之間嘻笑追逐，整夜狂歡，一點也沒有危機意識。結果，殷紂王被周武王所滅。

　　同樣，個人如果沒有「危機意識」，也必會遭到不可預測的橫逆。記得投於龐德公門下之時，龐德公為讓我明白「危機意識」的重要性，曾為我說過一個生動的寓言故事：

　　有一隻野豬對著樹幹磨它的獠牙，一隻狐狸見了，問牠為什麼不躺下來休息享樂，而且現在沒看到獵人！野豬回答說：等到獵人和獵狗出現時再來磨牙就來不及啦！

　　這隻野豬就是有「危機意識」！

聽完故事，我又問龐德公：「個人應如何把『危機意識』落實在日常生活中呢？」

龐德公遂對我說了以下這番道理：

首先，心理上要隨時有接受、應付突發狀況的準備，到時便不會慌了手腳。

其次是生活中、事業上和人際關係方面要有以下的認識：

——人有旦夕禍福，如果有意外的變化，我的日子將怎麼過？要如何解決困難？

——世上沒有「永久」的事業，萬一失業了，怎麼辦？

——人心會變，萬一最信賴的人，包括朋友、知己變心了，怎麼辦？

——萬一健康有了問題，怎麼辦？

其實所有的事你都要有「萬一……」的危機意識，預作準備。尤其關乎前程與一家人生活的事業，更應該有危險意識，隨時把「萬一」擺在心裡。

什麼樣的選擇決定什麼樣的生活。今天的生活是由以前的選擇決定的，而今天你的抉擇將決定你今後的生活。因此，要想創造更好的將來，那麼你必須在今天努力，不要等到面臨困難之際才運用理智，而要運用理智來預測尚未降臨的困難。

事前有遠見，遇事再深思熟慮，這就是居安思危，未雨綢繆。

▌隔岸觀火，坐收漁利

兵法有云：「以治待敵，以靜待嘩。」是指在河的這邊看對岸失火。比喻在別人出現危難時，袖手旁觀，待其自斃，以便從中取利。使用此計的先決條件是「火」和「岸」：無「火」便無混亂局面可「觀」，無「岸」相隔作為憑依也有風險。通常在自己不宜出戰或無力出戰之時，皆可採取「隔岸觀火」之策。此計含義有三：一要能坐得住，不輕舉妄動；二是坐看敵人受損；三是坐收漁人之利。

「隔岸觀火，坐收漁利」用於競爭之道也是上佳之策。

「隔岸觀火」有消極靜坐收拾殘局的含義，也有以靜制動，順勢而為的含義。機會處處有，但追人腳步，怕永不能獨占鰲頭。唯有沉得住氣，瞭解市場大勢或發現前人未發現之良機者，才能一鳴驚人。

戰國時期，秦惠王當政時，韓、魏兩國爭鬥不止。秦惠王想從中調解，但不知是否能得到好處，於是他召集大臣商議這件事。大臣的意見也不一致，秦惠王更拿不定主意了。

恰巧楚國的陳軫這時來到秦國，秦惠王早就聽說陳軫智謀過人，是位賢才，於是設宴招待陳軫以示敬重。

席間，秦惠王問陳軫：「韓、魏兩國爭鬥不止，寡人想從中調解，不知有無必要，先生以為呢？」陳軫沒有直接回答秦惠王，而是先為他講了一個故事：

「一次，卞莊子與其僮僕趕路，發現兩隻虎為爭食一頭死牛而打得不可開交。卞莊子拔出劍來，想趁機刺虎，然而僮僕卻制止了他。」

「僮僕說：『主公息怒。為了獨享這頭牛，兩虎必然相互爭鬥，爭鬥的結果必然是力氣小的老虎被咬死，力氣大的老虎也受傷，你再去刺殺那隻受傷的老虎，不就輕而易舉地獲得了兩隻老虎嗎？』結果正如僮僕所言。」

「現在可以將韓、魏二國比作老虎，他們爭鬥雖然暫時不分勝負，但總有一天，一個國家會失敗，另一個國家會衰落。等到這個時候再出兵不就一舉兩得嗎？」

秦惠王禁不住拍手叫絕，酒杯也被震落跌碎了。他連聲稱讚道：「好！好！這叫坐山觀虎鬥。」

競爭之道不在於勇，而在於巧。當一群人在一起為一點利益相互較量時，你可以躲在遠處，靜觀事態的變化，從而藉機從中漁利。暫退一旁，不意味著與人無爭。真正的競爭高手，總是先看、後想、再行動。

三氣周瑜：以對方自身的弱點，攻其弱勢

佛界有一對楹聯：「大肚能容，容天下難容之事；開口常笑，笑世間可笑之人。」這副楹聯告訴我們，人就這麼一輩子，做人要豁達大度。周瑜之所以為片言隻字而氣絕身亡，是因他目光短淺、心胸狹窄，從而無法做到豁達。可惜他是我的對手，我的這番道理是不會說於他的。

荊州刺史劉琦病故以後，我主劉備被眾人推舉為領導，占據了荊州諸郡。為了離間孫權與劉備的關係，曹操這個老賊表奏漢獻帝封周瑜為總領南郡的太守。其實這只不過是個虛職罷了，因為荊州一直被劉備占據。但沒想到一向自命不凡的周瑜會中曹操的奸計，居然厚著臉皮讓魯肅來索取荊州。

可憐我主忠厚老實，對魯肅的到來竟然甚為慌張，我只得一番安慰：「主公不必憂慮，想我孔明號稱臥龍，自比管仲、樂毅，這區區小事，何足掛齒，我自有良策，您不必驚慌。」說完，我又囑他：「魯肅一提荊州之事，您只管大哭，剩下的事亮自有辦法。」

果然，魯肅倒很爽直，來後開口便索要荊州，我朝劉備使了個眼色，劉備會意，放聲大哭。這一哭，讓魯肅丈二金剛摸不著頭腦。我借此機會，順勢說：「當初吾主向吳侯借荊州時，答應取得西川便還。但仔細想想，益州劉璋是吾主之弟，乃同胞骨肉，若興兵取他城池，恐被外人唾罵；如果不取，歸還荊州，又何處安身？假若不還荊州與吳侯又過意不去。吾主進退兩難，所以大哭。」

對魯肅，我非常瞭解，他本是寬仁的長者，我幾次計勝周瑜憑藉的都是他。魯肅見劉備如此哀痛，心中不忍，便答應了我順勢提出的延期歸還荊州的請求。

請求延期歸還是假，長期占有是真，這是我不還又不願得罪孫權的計謀，俗話說：「哪有把到手的肥肉送給別人的道理。」

我早已料到，區區小計是瞞不過周瑜的，果然，探馬回報，周瑜聽完魯肅的彙報，大發雷霆。他再一次要魯肅去荊州。

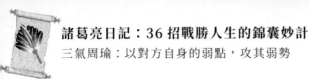
魯肅依照周瑜的吩咐面見劉備說：「吳侯十分同情您的處境，與眾將商量後決定起兵，替你取西川。取了西川，再換回荊州，這樣西川只當是東吳給您的一份嫁妝。到時軍馬路過時，只希望能提供些糧草，別無他求。」

我一聽，就知道周瑜這小子沒安好心，這樣明著來的假道伐虢竟敢用到我諸葛亮身上，簡直是欺我荊州無人，我倒要讓他看看到底是誰厲害，我在心裡盤算著怎樣排兵布陣。

半晌過後，劉備還在猶豫不決，我趕緊點頭說：「難得吳侯一片好心。雄師來到後我主定迎接犒勞」。說完，我看到魯肅臉上露出難以掩飾的興奮之情。

魯肅剛走，劉備便問我東吳的真正用意。我說：「此乃周瑜小人的『假道伐虢』之計。名為收西川，實則取荊州。不過，周瑜騙得了別人，騙不了我。周瑜此次前來，我定叫他死無葬身之地！」

事隔不久，周瑜起兵五萬，浩浩蕩蕩開往荊州。早有間諜來報，我布置完各路軍馬，靜候周瑜到來，並準備一封書信，派人送與周瑜。

周瑜到了荊州城下，本以為我主劉備會大開城門，簞食壺漿迎接他，然後他乘機搶殺過去。

然而，他忘了對手是誰，忘了他的對手我諸葛孔明上知天文，下知地理，他的目光短淺，心胸狹窄，注定了他會失敗。

在一聲梆響過後，周瑜見到的是滿城士兵高喊活捉周瑜的情景，隨後，從四面奔殺過來聲勢浩大的人馬。此時，周瑜終於知道又上了我的當，一股怒氣填胸，箭傷復發，墜於馬下，片刻又有人遞上我派人送去的信。

這是我的最後一招，名為諫言，實為嘲笑他無能，想那自傲的周公謹怎經受得了這般打擊。

不久探子回報：周公謹讀罷信，高呼幾聲「既生瑜，何生亮？」竟氣絕身亡。

事後，劉備問我，為何片言隻字便能讓才華橫溢的周瑜氣絕身亡？聞言，我不禁流下幾滴眼淚，深情悲壯地說：「氣量小是他的致命傷。與周瑜的鬥智鬥勇，讓我感慨頗多！」

▌做人要豁達大度

佛界有一對楹聯：「大肚能容，容天下難容之事；開口常笑，笑世間可笑之人。」這副楹聯告訴我們，人就這麼一輩子，做人要豁達大度。

豁達大度說起來容易，實則做起來很難。它要求人們抑制個人的私欲，不為一己之利去爭、去鬥，也不能為了炫耀自己而貶低他人。

大河裡生活的魚，不會因遇到一點風浪就驚慌失措；而小溪裡的魚就不同了，一感覺到有點異常動靜，立刻四處逃竄。人也是這樣的，胸懷狹窄的人沒有一點氣度，常常爭先恐後地與他人爭奪蠅頭小利，但這點小利到手後，卻又發現丟了大利，如同人們所說的，是「丟了西瓜撿了芝麻」。

胸襟坦蕩廣闊的人不是這樣。他們不為猶如芝麻般的小事而忙得團團轉，他們把目光投向生活的深度與廣度，他們是做事穩重、態度從容不迫的人。只要有一種看透一切的胸懷，就能做到豁達大度。把一切都看做「沒什麼」，才能在慌亂時從容自如；憂愁時，增添幾許歡樂；艱難時，頑強拚搏；得意時，言行如常；勝利時，不醉不昏，有新的突破。

只有如此放得開的人，才可能是豁達大度的人。

以我之見，豁達才是人生的奧祕：

豁達是一種超脫，是自我精神的解放，若是成天被名利纏得牢牢的，得失算得精精的，那還談何豁達。豁達就要有點豪氣，乍暖還寒尋常事，濃妝淡抹總相宜。凡事到了淡，就到了最高境界，天高雲淡，一片光明。

人肯定要有追求，追求是一回事，結果是一回事。你就記住一句話：事物的發生發展都必須符合時空條件，如果條件不符，那你就得認了。人活得累，是心累，常嘮叨這幾句話就會輕鬆得多。「功名利祿四道牆，人人翻滾

跑得忙；若是你能看得穿，一生快活不嫌長。」與其悲戚、憂鬱、寡歡地過一輩子，不如痛痛快快、瀟瀟灑灑地活一生，難道這不好嗎？

豁達代表的是一種自信。人要是沒有精神支撐，剩下的就是一具皮囊。人的這個精神就是自信，自信就是力量，自信給人勇氣，自信可以使人消除煩惱，自信可以使人擺脫困境，有了自信，就充滿了光明。豁達的人，必是一條敢做敢為的漢子，而絕不是那種佝僂著腰桿，委曲求全的君子。

豁達不是盲目的自我流露，它是一種修養，一種理念、是一種至高的精神境界，說到底是對待人世的一種態度。「卒然臨之而不驚，無故加之而不怒。」如此的生命，還會有什麼樣的火焰山過不去呢？

豁達是一種博大的胸懷、超然灑脫的態度，是人類個性的最高境界之一，也是一種「德」。一般說來，豁達開朗之人比較寬容，能夠對別人不同的看法、思想、言論、行為等都加以理解和尊重。不輕易把自己認為「正確」或者「錯誤」的東西強加於別人。他們也有不同意別人觀點或做法的時候，但他們會尊重別人的選擇，給予別人自由思考和生存的權利，他們會以德服人。有時候，往往是豁達產生寬容，寬容導致自由。

豁達是一種寬容。恢宏大度，胸無芥蒂，肚大能容，吐納百川。蜚短流長怎麼樣，黑雲壓寨又怎麼樣？心中自有一束不滅的陽光。以風清月明的態度，從從容容地對待一切，待到雲開霧散，必定是柳暗花明的全新世界。相信天空是寬廣的，走過去，前面便是一片天。

豁達是一種開朗，一種樂觀，豁達的人，心大，心寬。悲愁的，痛苦的，都在嬉笑怒罵、大喊大叫中撕個粉碎。你說，世界上的事都公平？不公平的有的是，你能讓它都公平？我們要按生活本來的面目看生活，而不是按照自己的意願看生活。風和日麗，你要欣賞，光怪陸離，你也要品嘗，這才自然。你就不會有太多牢騷，太多的不平。

不過，「月有陰晴圓缺」對誰都一樣，「十年河東，十年河西」，一切隨著時間的推移都在變。你要知道，陰陽對峙，此消彼長，升降出入，這就是生機，拿這個大宇宙，看你這個小宇宙，你能超越得了？只有用這種積極

樂觀的人生態度去對待這一切，你的心胸才會隨之寬廣起來，你的心胸也就會變得豁達起來。

當然，豁達並非等於無限度地容忍別人，開朗並不等於對已構成危害的行為加以接受或姑息。但對於個人而言，豁達往往會有更好的人際關係，自己在心理上也會減少仇恨和不健康的情感；對於一個群體而言，寬容開朗，無疑是創造一種和諧氣氛的調節劑。因此，豁達寬容是建立良好人際關係的一大法寶，以德服人是具有凝聚力的重要武器。只有用「德」去治「人」，治你的事業之「天下」，你才會信心百倍地走向成功，同時也是一個人完美個性的展現。

周瑜之所以為片言隻字而氣絕身亡，是因他目光短淺、心胸狹窄，從而無法做到豁達。可惜他是我的對手，我的這番道理是不會說於他的。

借荊州為劉備招親：為老闆「辦實事」，易得到老闆信賴

　　我並不是個天生的「媒婆」，但如果當一回「媒婆」能讓老闆高興一回又何樂而不為呢？人在社會上做事絕不像吟詩誦詞那樣簡單，你必須不斷調整自己的行為模式。在與老闆的關係上，更主要的是辦「實事」。

　　我自用計巧取荊、襄之地，周瑜便念念不忘，成天挖空心思想方設法要將此地收回。動不動就派魯肅來煩我，魯肅頻繁的造訪嚴重影響了我的工作。迫於無奈，我只得請我主交紙文書，表明暫借荊州，若將來我主得到西川，再歸還荊州。並在文書上簽字畫押。

　　我這荒唐舉措竟也送走了魯肅，想起來就好笑，此等文書有什麼用？哎！讓魯肅去聆聽周瑜的教誨去吧，趁著這好心情，我對月撫琴，輕聲吟唱起來。

　　俗話說：「好景不常在，好花不常開。」不久，我主死了甘夫人，整個荊州處於一片悲慟之中，劉備更是情緒低落，我看在眼裡，急在心頭，對於他的悲慟我是理解的，但是整天無精打采卻讓我深感鬱悶。想我諸葛孔明自出山以來，日夜操勞，以輔佐其成就大業為已任，是有家不能回，有阿醜不能見。為實現我的誓言，孤獨時，我只能遙望隆中之茅廬，遐想阿醜之芳容。閒時撫琴弄鶴，亦非世上所說之雅趣，實為消遣寂寞之光陰，然此等心事又何人能知？何人能曉？

　　次日，甘夫人的死訊也傳入周瑜耳裡，我料他又會藉機生事。果不其然，一天，我正在開導晝夜煩悶的劉備，忽報：「有東吳使者呂範來見。」我對劉備說：「這是周瑜的計謀，必是為荊州而來，他說什麼暫且答應，我在屏風後暗聽，然後再議。」

　　劉備把呂範請進了屋裡。

　　原來，呂範奉孫權之命為劉備做媒而來。我早就聽說孫權有一妹待嫁，正當妙齡，貌若天仙，只是性格頗烈，傳聞非人中之龍不嫁。我原來不想參

與其家事，我在前面也曾說過，下屬不宜過問主管的家事，可是這一次，這結親背後隱藏著不可告人的陰謀，這陰謀一旦成功，我輔佐劉備成就霸業的夙願便永無實現之日，我是絕不允許這種情況發生的，於是我決定冒大不韙，插手我主的私事。

我說服劉備答應了這門親事，並派孫乾第二天隨呂範前往江南拜見孫權，表明劉備的態度。孫乾帶回了吳候正等主公前去結交的消息。可是劉備仍舊遲疑，不願前往。於是，我把趙雲叫到身邊。授他三個錦囊：

錦囊一：汝等此行凶險異常，當小心行事，到南郡後，不可急於見孫權，可教主公到豫州先去拜見喬國老，將詳情告之，喬國老必會將消息告知國太，國太一知，主公性命可保也！但也不可大意，到南郡，當盡快求吳國太主持婚事，早日完婚才是上策。以防萬一，汝當隨時陪護左右，勿誤！

錦囊二：婚事一成，孫權絕不會就此善罷甘休，定會將計就計，困主公於他地，以華堂大廈、美女金帛，娛主公之耳目，使其沉湎於酒色之中，達到疏遠與我等的感情。汝打開此錦囊之時已是年終，為提醒主公回荊州，可假報軍情，說曹操為報赤壁之仇，起精兵五十萬，殺奔荊州，甚是危急，請主公速回。孫夫人性格雖烈，但她定會隨行。汝等當隨時做好準備起程返回荊州。

錦囊三：孫權深恨主公，定不會輕易放行，必想方設法除掉主公而後快，因此，定會派兵前往追殺，到柴桑邊界時，汝等會遇上周瑜在此部署的兵力。此時，你可讓主公將結親的真實緣由告知孫夫人，憑藉孫夫人的威信，此劫定能破之。

我將此三個錦囊交與趙雲，並叮囑：錦囊一到達南豫時即可拆開，錦囊二到年終時方可拆開，錦囊三到危急時方可拆開。

我深信我的三個錦囊能保劉備全身而退，事實正如我所料，透過這次和周瑜、孫權的較量，我不僅為我主劉備娶回了嬌妻，而且又乘勢敗了周瑜一回，世人都笑話周瑜的美人計，這一招是「賠了夫人，又折兵」，氣得他口吐鮮血，倒地不起。

在荊州的慶祝會上，劉備把我好好地誇獎了一番，說諸葛先生不愧為人中龍，鳥中鳳。還以我的名義，命人前往隆中送了些東西。從這件事中，我得出了一個驚天動地的結論，那就是：

為老闆「辦實事」，易得到老闆信賴

我並不是個天生的「媒婆」，但如果當一回「媒婆」能讓老闆高興一回又何樂而不為呢？人在社會上做事絕不像吟詩誦詞那樣簡單，你必須不斷調整自己的行為方式。在與老闆的關係上，更主要的是辦「實事」。

其實像我這樣改變自己適應社會的例子古已有之，戰國時代秦國的商鞅就是一個典型。

商鞅以力主變法而聞名於史，但變法卻並不是他原來的主張。當他來到秦國時，秦孝公正雄心勃勃地想要重振祖先的霸業，收復失去的國土，商鞅透過孝公寵臣景監的引見，拜謁了孝公。一見面，他就大談傳說中的堯、舜這些帝王如何與百姓同甘共苦，身體力行，以自己的模範行動感化了百姓，從而達到天下大治這一套所謂的「帝道」。結果說得秦孝公直打瞌睡，一句也沒聽進去。事後並責備景監說：「你的那個客人，只會說一些大話來欺人，不值得一用。」

景監埋怨商鞅，商鞅說：「我向國君進獻了帝道，可是他卻不能領會。」

五天以後，商鞅又一次去見秦孝公，將原來所談的那一套加以修正，但還是不符合孝公的心意。景監又一次受到了孝公的指責，他對商鞅的怨氣更大了。商鞅說：「我向國君推薦了夏、商、周三朝的治國之道，他還是接受不了，我希望國君再一次接見我！」

商鞅又一次去見孝公，這一次談得比較投機，但也沒表示要任用他，只是對景監說：「你的這個客人還可以，我能與他談得來！」商鞅說：「我向國君推薦了春秋五霸以武力強國的道理，國君有要用我的意思了，如果能再見我一次，我知道怎麼去說服國君了！」

　　當商鞅再一次向國君進言時，秦孝公聽入了迷，不由得一次又一次將坐席向前移，一連說了好幾天也沒有聽夠。景監很奇怪，問道：「你說了些什麼打動了國君，國君高興得很。」

　　商鞅說：「我向國君進獻帝道、王道，國君說那些事太久了，他等不及，我向國君進獻強國之術，國君就特別高興。」

　　商鞅終於被秦孝公重用，隨後他大行變法，使秦國很快富強起來。

　　有趣的是，商鞅用來打動秦孝公的那一套強國之術，並不是他本人一貫信奉、矢志不移的政治理想，他其實是一個沒有什麼政治理想、信念的人，他彷彿像一個走街串巷的貨郎，貨擔裡什麼貨色都有，買主需要什麼，他就賣什麼，賣不出去的貨物就收起來。由於他能迅速投買主（主管）之所好，所以很快便飛黃騰達。

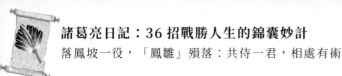

落鳳坡一役，「鳳雛」殞落：共侍一君，相處有術

我與龐統共侍一君，我知必須與其「牽手」，共謀大事。與龐統相交甚久，我對他很是瞭解：志向高遠，胸懷大略，學識淵博，唯一欠缺的是他孤立自傲，為人多疑，尤好妒嫉。為了處理好與其關係，我處處警惕，以免使自己觸其禁忌，引起不必要的麻煩。正因為此，我與龐統一直相安無事，相交甚好。

記得剛得到荊州之時，我千方百計為劉備招攬人才。劉備對士人的影響本來就比曹操、孫權大，再加上我利用自己在荊州的影響竭力招攬，荊、楚人士來歸附劉備者，風起雲湧。

我的親戚龐統在周瑜那裡當差，赤壁之戰以後回到家鄉。我記得劉備曾對我提過，水鏡先生司馬徽推薦我時曾告訴他：「伏龍鳳雛，二人得一，可安天下。」我知劉備求賢若渴，遂引龐統歸於劉備帳下。

起先劉備讓他代理耒陽令，不久，便有一些傳言「龐統不盡其責」。劉備知後，不滿地表示：「龐統無才，當耒陽令，不務正事，不如撤去。」我與龐統相識數年，深知其秉性，遂對劉備諫言：「龐統有大才，龐德公評論是『鳳雛』。魯肅來信建議給他一個高的職位，如此方能讓他一展驥足，我也深有同感。」

劉備疑惑，讓張飛前去察看，後又把龐統找來談話，果然對其大加讚賞，感謝我慧眼識英雄，善於薦賢。

從此，劉備對龐統之親密，猶如對我，也授予他軍師中郎將。

我與龐統共侍一君，我知必須與其「牽手」，共謀大事。與龐統相交甚久，我對他很是瞭解：志向高遠，胸懷大略，學識淵博，他唯一欠缺的是孤立自傲，為人多疑，尤好妒嫉。

為了處理好與其關係，我處處警惕，以免使自己觸其禁忌，引起不必要的麻煩。正因為此，我與龐統一直相安無事，相交甚好。

　　我雖處處提防，但天有不測風雲，落鳳坡一役，「鳳雛」殞落，我自責了許久。我雖知謹慎為人，但我未盡好朋友之責勸其改過。孤立自傲、多疑妒嫉最終要了龐統的性命。

　　得荊州之後，我自留荊州，一是防禦敵人來攻；二是治理戰後荊州，發展生產，為前方將士籌措軍糧。劉備與龐統率領大軍攻占西蜀，一路順暢，直至攻下涪城欲進軍雒城。我知西蜀地勢險要，易守難攻，且西蜀劉璋具有一定實力，不可小視，遂在劉備進取雒城之前，差馬良帶我親筆書信入見劉備，告知劉備，荊州一切平安，不必憂慮；西蜀地勢險要，凡事謹慎小心，不可急於進軍，遇事要三思而後行。

　　劉備看了信後，便讓馬良先回，並打算親回荊州，與我再詳細議論。哪料龐統見我如此，疑心是我怕他取了西川，得了頭功，故意從中作梗，便慫恿劉備，此時正是取雒城的大好時機，不應猶豫，應該趕快進軍。劉備見龐統再三催促，遂決定親自引軍前進。

　　龐統建議劉備，讓魏延為前鋒，取山南小路而進；讓黃忠為先鋒，從山北大路而行，到雒城匯合。劉備從其言，自領軍從山北大路而行，和龐統商議，叫他回守涪城。龐統堅持不回，並告知劉備，不要被我迷惑，是我孔明不願讓他獨立大功，所以才送信囑咐小心，千萬不可聽我之言，應速戰速決。龐統遂引兵馬從山南小路前進。

　　次日天明，黃忠、魏延領軍先行。劉備見龐統，再三勸止，龐統堅定，遂不再多言。正待前行，龐統坐下馬生，忽失前蹄，把龐統掀了下來，劉備見狀便與龐統調換坐騎，劉備所騎白馬性極馴熟，龐統也不推辭，騎上白馬，自行而去。

　　與敵交戰，最忌草率行事。龐統所行山南小路，道路狹窄，樹木叢雜，又值夏末秋起，枝葉茂盛，最易被敵伏擊。敵人再不懂兵法，也不會輕易放過如此良機。果然，張任領兵埋伏其間。前軍魏延到時，張任放其兵過，後見龐統騎白馬至，以為必是劉備，一聲炮響，箭如飛蝗，只往騎白馬者飛去，可憐龐統就這樣死於亂箭之下。

落鳳坡一役，「鳳雛」殞落。龐統與我相交甚久，以其才學本應大有作為，但心胸狹窄，卻使其丟掉了性命。這種狹窄心胸，實在害人不淺，借此我提醒後人，做人應心胸廣博，正所謂「心底無私天地寬」，如此方能有大的作為。

切忌做一個心胸狹隘的人

做大事必須具備寬容的性格，才能經營一生大局，否則心胸狹隘，豈能有大的作為？多少孤獨性格的人，有著這種希望：「我真希望能吸引一些朋友，我真希望能成為一個受人歡迎，為人所樂於親近的人。」只是因為他們自己生性孤僻，缺少吸引朋友的磁力，故沒有多少人願意和這樣的人交友往來，使這些人失掉了生活上的很多樂趣，他們的希望也因此無從實現。

對任何人，如果能在言談舉止中表現出親切與和善，他自身的吸引力就會在不知不覺中大增。

人格優美、性情溫和的人，往往能得到他人的歡迎，也能得到他人的扶助。有些商人雖然沒有雄厚的資本，卻能吸引很多顧客，他們的事業與那些資本雄厚但缺少吸引力的人相比，進展必定更為顯著。

在社交上，如果你能處處表現出愛人與和善的精神，樂於助人，那麼就能使自己猶如磁石一般，吸引眾多朋友。而一個只岢為自己打算的人，只會受人鄙棄。

慷慨與寬宏大量，也是獲得朋友的要素。一個寬容大度的慷慨者，常能贏得人心。

在談話與做事過程中，要讚揚他人的長處，而不去暴露他人的短處。那種習慣輕視他人、喜歡尋找他人缺點的人，是不可信賴的人，也不值得交結。

輕視與嫉妒他人往往是一個人心胸狹窄、思想不健康的表現，也是一個人思想淺薄與狹隘的表現，這種人非但無法認識他人的長處，更無法發現自己的短處。而有著健康心理、對人寬宏大量的人，非但能夠認識他人的長處，更能發現自己的短處。

吸引他人最好的方法，就是要使自己對他人的事情很關心、很感興趣。但你不能做作，你必須真心地對別人關心、對別人感興趣。

許多人之所以無法吸引他人，是因為他們的心靈與外界隔絕，他們專注於自己，久而久之，便足以使自己陷於孤獨的境地。

如生活之中的龐統，幾乎人人都不歡迎他，但他不知道是什麼原因。即使他參加一個聚會，人人見了他都退避三舍，所以當別人互相寒暄談笑、其樂融融之時，他一個人獨處在屋中的一個角落。即使偶然被人家注意，片刻之後也依舊孤獨地坐在一邊。他就好像冰塊一樣，好像失去了吸引力的磁石。

龐統之所以不受歡迎，在他自己看來乃是一個謎，他具有非凡的才能，又是個勤勉努力的人。他每天忙忙碌碌，也喜歡混在我們之中尋找快樂。但他往往只顧到自己的樂趣，而常常給人難堪，所以很多人一看到他，就避而遠之。

但他絕未想到，他不受歡迎最主要的原因乃在於他的自私心理，自私乃是他無法贏得人心的主要障礙。他只想到自己而不顧及他人，他竟然一刻也不能把自己的事情擱起，來談談他人的事情。每當與別人談話，他總是要把談話的中心，集中在自身或自己的事情上。

一個人如果只顧自己，只為自己打算，那麼就沒有吸引他人的磁力，就會使別人對他感到厭惡，就沒有一個人喜歡與他結交往來。

如果一個人真正對他人感興趣，便有吸引他人的力量。而且對他人吸引力的大小，與對他人所感興趣的程度成正比。怎樣才能對他人感興趣呢？主要是要能夠設身處地為他人著想，能夠推己及人，給他人以深切的同情。

▍能與同事牽手

這裡說的「牽手」，是指與同事合群，營造一份良好的人際關係。

我與龐統共侍一君，競爭自然無法避免，誰取得更好的成就，誰就會有更多升遷的機會。也許在龐統看來，一山難容二虎，我是他的競爭對手，自

然是他的一「敵」。但在我孔明看來，是否獲得晉升並不是問題的關鍵，關鍵在於如何處理好彼此之間的關係，能夠「牽手」而行。

記得在隆中之時，我曾見販賣魚苗的商人，把鯰魚放入盛有魚苗的大桶中。我知鯰魚是吃魚苗的，以為那商人愚蠢之極，遂提醒他應將鯰魚單獨盛放。不料商人告訴我，長途販賣魚苗，魚苗常會因缺氧而大量死亡，從而損失慘重，但如果將鯰魚放入桶中，魚苗會為了避開鯰魚吞食本能地快速游動，這樣，牠們就最大限度地吸取氧氣。精明的商人，以小的代價卻換來了大的收益。

「鯰魚效應」讓我明白，強大的競爭對手，往往能激發自己的潛能，獲取最大的成功。因此，也就不難理解我之所以要與龐統「牽手」而行的原因了：是要以他的能力促使我加倍努力，獲得最大程度的發揮。

除此之外，我之所以要與龐統「牽手」，還有一個很重要的原因——堅決杜絕「內耗」。

內耗其實和我們平時所說的「內訌」意思差不多，指下屬之間處於一種無序與不協調的狀態之中，雙方之間互相爭論、推諉責任，以致使各種積極力量被相互抵消，就是「既然我做不成，那麼我也不讓你做成」、「我寧可把任務搞砸，也不讓你有做成的機會」，在現實之中表現為如下：

一、目光短淺，心胸狹窄，斤斤計較一時一事的得失，自己的想法得不到實現就耿耿於懷，暗中做梗。

二、相互猜疑，撥弄是非，挑撥離間，使矛盾日重，人人自危。

三、相互攻擊，爭功諉過，在同事之間搞「小動作」。

四、喜歡支配、控制別人，甚至要求別人無條件順從自己，目的達到便各行其是，各自為政。

五、別人遇到困難、挫折時，袖手旁觀，置之不理，甚至趁機拆台、落井下石。

六、不是以事論人，而是以人論事，分你的人、我的人、他的人，拉幫結派，搞小圈子，熱衷於無原則的派別鬥爭。

七、思想偏執，獨斷專行，對人對事不是實事求是，而是動輒苛求，小題大作，一聽到不同意見或他人未合己意，就大發其火，難以與人共事，等等。

總之，內耗既消耗了別人的力量，也耗費了自己的實力，對於團隊來說更是「後院起火」，勢必會造極大的損失。而要防止落入內耗的陷阱，唯有增強與同事「牽手」意識，增強團隊觀念，更要有容人之心。胸襟坦蕩，寵辱不驚，一切以事業為重，這是每一個為人部屬的人都應該牢記和努力做到的。否則，勢必如「鳳雛」一樣，因陷入內耗之中而害人害己。

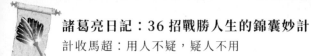
計收馬超：用人不疑，疑人不用

　　想那馬超，真乃當世一虎將也！張魯昏庸，不懂得「用人不疑，疑人不用」之語，聽信楊松之言，派張衛把守關隘，以防馬超有變。「千軍易得，一將難求。」馬超正處進退兩難之際，正是我得其最佳良機。

　　「落鳳坡」一役，龐統不幸身死，劉備只好請我前去。我去後取了雒城，又乘勢取了綿竹，正要進兵許都，忽然探馬來報，說成都劉璋已和張魯結盟，張魯已派馬超領兵來救，現正急攻葭萌關。

　　正所謂「知己知彼，百戰不殆」，為了更好地瞭解對手，我將眼線遍布於各地，對馬超其人自然有所瞭解。

　　馬超，乃馬騰之子。

　　赤壁之戰以後，曹操敗退許都。不久，周瑜被我氣死，東吳失去了主帥。曹操便欲乘機先取東吳，再攻蜀地。但曹操擔心率兵南征，征西將軍馬騰會趁虛而入進占許都，故而假傳詔書，召馬騰入京，計殺了馬騰。

　　馬超和其叔父西涼太守韓遂起兵為馬騰報仇。想那馬超，真乃當世一虎將也！他驍勇，帶兵攻破長安，直抵潼關，讓曹操親率大軍前去救關。曹操兵敗，被馬超追殺，十分狼狽，他一次次改變裝束，才得以逃脫。

　　之後曹操與馬超進行了反覆的拉鋸戰，經過交手，曹操深解馬超秉性，知以武很難取勝，唯有用謀，於是他設計離間了馬超、韓遂。馬超就此受到了韓遂與曹操的圍攻，大敗而逃，與馬岱輾轉投奔，後在東川張魯處安身。

　　今馬超前來，我知手下諸將能敵者甚少，唯趙雲、張飛能擔此重任，趙雲在外引軍未歸，只有張飛可用，可張飛不比趙雲謹慎，恐犯輕敵之過，於是我便以話激之，並讓其立下軍令狀。

　　馬超果然了得，與張飛交戰，戰了數天，大殺了幾次，甚至挑燈夜戰，仍分不出勝負。我見劉備觀戰，對馬超甚是欣賞，而且稱讚：「真虎將也！」我深知劉備心意，也不願張飛有何閃失，遂定了一個計謀，收伏馬超。

我知道張魯手下有一謀士楊松，張魯對其言聽計從。那楊松實乃小人，極貪財物。於是我先差孫乾攜帶金銀珠寶，從小路徑直去漢中厚賄楊松，使楊松引孫乾入見張魯，遞上劉備親筆書信：「吾與劉璋爭西川，是與汝報仇，不可聽信離間之語，事定之後，保汝為漢中王。」張魯見信頗喜，又兼楊松從旁促成，張魯便命馬超罷兵。

我料馬超事未成功，必不肯就此作罷。果然，張魯數派使者，馬超總是推辭不歸。楊松趁機說馬超蓄意謀反，張魯昏庸，不懂得「用人不疑，疑人不用」之語，聽信楊松之言，派張衛把守關隘，以防馬超有變；又如楊松所說，派人提出苛刻條件：「汝既想成功，就給一個月期限，便要做到三件事：一要取得西川；二要劉璋首級；三要退荊州之兵。三件事做成有賞，做不成可獻頭來。」馬超無奈，只好作罷，但回到關前，張衛卻已聽信楊松流言，說馬超懷有異心，不放入關。

「千軍易得，一將難求。」此時馬超正處進退兩難之際，正是我得其最佳良機，只須差一說客對其曉以利害，即可大功告成。

真是天助我也！此間趙雲有書薦西川一人來降，此人姓李，名恢，字德昂。原佐劉璋，與馬超有一面之交，因不被重用，故棄劉璋來投。我知李恢是個辯士，此番前去定會成功。

經李恢遊說，馬超深知自己前不能殺劉璋，退荊州之兵；後不能制楊松，見張魯之面，已進退無路，如果再像當年討曹時在渭橋兵敗，也就無面目見天下之人。況且劉備實乃明主，又與他的先父共受衣帶詔，同時討賊，現只有投他，才是正理。

幾番周折，我才使馬超歸於劉備帳下，而馬超也未辜負我之期望，立戰功無數，後被封為「五虎大將」之一。「計收馬超」，我有以下兩點心得：

▋千軍易得，一將難求

「得賢則昌，失賢則亡，自古至今，未有不然者也。」得到賢人，才能繁榮發達，失掉賢人就會走向衰亡。

得到賢明和傑出的人才，國家就安定而有秩序；拋棄了賢明和傑出的人才，國家就會混亂。賢才對於國家來說，就像利器對於高明的工匠，繩墨對於靈巧的木匠一樣必不可少。

基於人才的重要性，我曾以此為題，寫一文送於劉備：

歷史上的楚漢相爭中，陳平是一個從楚來的逃犯，劉邦與之談話，見他很有才智心頭大喜，便賞識其人，任為都尉，兼參乘，典護軍，這雖非大官，但卻是重要的官職，參乘是親信侍衛，與劉邦同車出入，非心腹之人是不能勝任的，儘管諸將知道了都為之譁然，但並不能動搖劉邦對陳平的信任，反而更厚待陳平。

劉邦對陳平如此器重，足見他確是知人善任。而後來的事實證明，陳平確實是一個奇才。劉邦之所以能戰勝項羽，處於危機能夠轉危為安，以及劉氏政權不被呂氏所奪，陳平出奇計起了重要的甚至是決定性的作用。除了陳平外，劉邦還物色了韓信、英布、張良等奇人猛將為己所用。

項羽是秦末叱吒風雲的英雄人物，他深諳兵法，力可拔山舉鼎，他「破釜沉舟」，於鉅鹿與秦主力決戰，九戰九勝，大破秦軍，諸侯顫慄；楚漢相爭，他屢戰屢勝。他總結其一生的戰績時說：「吾起兵至今八歲，身七十餘戰，所當者破，所擊者服，未嘗敗北。」

可是，這位蓋世英雄卻最後自刎於烏江，其故安在？說到底還是識人用人的問題。項羽自恃勇冠三軍，對韓信、陳平、英布等一干謀臣武將視而不見，致使後者紛紛離楚歸漢。人才在身邊不知不用，最後把自己弄成孤家寡人。

因此，在這場霸王之爭中，誰勝誰敗，早成定局。

今吾主胸有大志，欲統天下，應以此為戒，時刻謹記人才的重要性。

在重視人才這一點上，我甚至有點佩服我的老對手曹操，曹操崇尚周公「一沐三握髮，一飯三吐哺，起以待士，猶恐失天下之賢人」，並說：「山不厭高，海不厭深，周公吐哺，天下歸心」，表現了其對人才的渴求。

「千軍易得，一將難求」，正如《易經》所云：「飛龍在天，利見大人。」這「大人」就是人才，是每一個欲成大事者必須努力求得的。

用人不疑，疑人不用

如果大小事務都交於領導者一個人去做的話，領導者縱有三頭六臂也無可奈何，因此，領導者必然要把一部分任務和責任交於下屬去完成、承擔，這就牽涉到一個信任的問題。

有的領導者把任務交給下屬後，依然喜歡事無巨細地干涉和盤問，弄得下屬處於一種非常為難的境地，左也不是，右也不是。

而有的領導者則在提出做事的原則之後，對具體作法毫不過問，而是完全地交給下屬去完成。

對比這兩種不同的方法，很顯然，第二種要高明得多，它可以促進上級與下屬之間一種和諧信任的關係，充分發揮下屬的積極性，能夠更好地檢驗一個人的思維和辦事能力。

相反地，那些不信任下屬的人，無異於是在下屬的腿上拴一根繩子，看他們走偏了一點，就把繩子收得緊緊的，把他們拉回來，長久這樣，下屬自然不敢再走路，從而也就把他們的創造性、主動性給抹殺了。你想，領導者對下屬這點信任都不給，下屬又怎能信任這個領導者呢？信任的力量是無窮的，身為領導者，應充分相信和信任下屬的能力，否則，縱然累死也難有大的發展。

因此，做為領導者，只應決定事情的大概，其他細節和過程都應交給你手下的人去辦理，並且，你的部下在事情的細節方面說不定比你瞭解得還要多。

但是，領導者在用人上就一定要進行考察，你把任務交給了下屬，並不是說你就把你的責任也推卸得一乾二淨，因此，用對一個得力的下屬是至關重要的。如果在半途你忽然發現下屬的方向或方法完全錯了再來修補的話，不僅會影響到你的威望，而且會對團隊造成損失。因此，領導者在把任務交

給下屬去辦理後，也要進行適當的調查和溝通工作，透過下屬向領導者彙報、領導者親自考察等形式來瞭解工作的進展。

用人不疑，疑人不用，並非不考察人而用人，而是考察人之後把任務大膽地交給可信之人。

用人要有「你辦事、我放心」的氣魄，在把任務交給下屬去辦理時，要使他們感覺到「這件事交給你去辦準沒錯」。他們不僅會在工作上全力以赴，同時也會自然地對領導者產生一種親近感和信任感。

「計收馬超」一事中，張魯雖知將任務分給下屬去承擔，但他不能做到「用人不疑，疑人不用」，既用了馬超，又懷疑馬超，這是他用人的失誤，也正是我得馬超的關鍵所在。

計取漢中：變亂之時，應能處變不驚

我軍與曹操爭奪漢中之時，曹操實力甚至強於我軍，但終因他不能做到「處變不驚」，才中我「疑兵之計」，被魏延一箭射掉兩顆門牙，狼狽而逃，拱手讓出漢中。由此看來，說「處變不驚」是成大事必備的素質，實不為過。

《易經》「師」卦有云：「在師中吉，承天寵也。」軍中主帥英明正確，就像有天神救助一般。多年征戰沙場，讓我深深地明白：戰場形勢複雜多變，對敵作戰時使用計謀，是每個優秀將帥必須具備的本領，而雙方將帥都是有經驗的老手，只用一計，往往易被對方識破，一計套一計，計計連環，作用就會大得多。

蜀兵挺進漢中之時，曹操率大軍前來抵禦，敵我二軍在漢水兩岸隔河相對。經過反覆研究並察看了地勢，我心中有了對敵良策。我吩咐趙雲挑選五百軍士，攜帶戰鼓號角，埋伏在漢水上游的丘陵地帶。只要聽到我軍營中炮響，便擂鼓助威，但是不許出戰。

次日，曹軍前來挑戰，我只堅守不出，曹軍罵得口乾舌燥，只好悻悻而歸。入夜，我見曹軍燈火熄滅，立刻命人放響號炮，趙雲聽後也命軍士鼓角齊鳴，吶喊震天，山谷應聲。

曹軍以為我軍夜去劫寨，急忙起床應戰，卻未發現一個蜀兵。剛剛睡下，鼓聲又起，曹軍又是一陣慌亂仍未發現一個人影。一連三夜，夜夜如此，搞得曹軍精疲力盡，而我軍每晚卻酣睡極甜。可憐曹操夜不能寐，心中甚是膽怯，便撥寨退後三十里。

我知曹操諳熟兵法，但實不知我之妙計。而且曹操平生為人多疑，雖能用兵，但多疑必敗，我恰恰要用疑兵之計取勝於他。

我請劉備渡漢水在岸邊紮營。第二日，曹操領兵向劉備挑戰。徐晃出戰，劉備按我之計，命劉封出迎。劉封敵不過徐晃，戰不數合，撥馬便跑。劉備領軍往水邊逃去，兵器馬匹散落一地。曹兵追趕過來，爭相領取，不戰自亂。曹操見勢不妙，慌忙下令鳴金收兵。我煞費苦心設計此局，哪容得曹操如此

輕鬆而回。號旗高舉，劉備領兵殺回，黃忠、趙雲從兩翼殺出。曹軍大潰而逃，曹操逃到南鄭，哪料我已算計在先，讓張飛、魏延搶先占了南鄭。曹操無奈，只得丟盔棄甲、抱頭鼠竄，逃往陽平關。

機不可失，失不再來。我急令張飛、魏延截斷曹兵糧道，又叫黃忠、趙雲去放火燒山。可憐曹操糧道被截、山野被燒，後勤已無保障，遂領兵出陽平關。我早料到曹操「困獸猶鬥」，定會希望全力以一戰之功殺退我軍。我仍讓劉封出戰，戰了幾個回合便敗走，曹操追了一陣，多疑之心便起，怕中埋伏，退回陽平關，誰想這時我軍返身殺回，東門放火，西門吶喊，南門放火，北門擂鼓。曹操驚恐，棄關而走，到斜谷界口駐紮。我軍殺將過去，曹操勉強出戰，被魏延一箭射掉兩顆門牙，倉皇率軍逃棄許都，自此，整個漢中落入我軍之手。

漢中一戰，我幾番用計都十分精妙。

先是布置疑兵，「瞞天過海」，夜間擂鼓疲憊敵人，迫使曹操退後三十里。

繼而，過河背水結營，引誘曹操前來進攻，然後設伏兵擊之。

曹操退守陽平關後，我又「釜底抽薪」，放火燒山，截斷糧道。

此後又「打草驚蛇」，在陽平關四座城門放火吶喊，使曹操心驚肉跳，放棄陽平關和斜谷界口，直至退出漢中。

領兵作戰，英雄本色，當然勇要先。但勇而無謀，非可取也。想那呂布，可謂十足英雄，可豪勇不少，智謀不足，因而他成不了大事，最後只落得身首異處之結局。再由漢中一戰曹操兵敗，可知：

▌變亂之時，應能處變不驚

漢中一戰，曹操兵敗的一個主要原因就是他無法做到處變不驚。

我先布置疑兵，「瞞天過海」，夜夜鼓角齊鳴，直攪得曹軍方寸大亂，退後三十里。後我又「打草驚蛇」，在陽平關四座城門放火吶喊，使得多疑的曹操心驚肉跳，棄關徑直退出漢中。

可笑曹操戎馬一生，在我看來還不如其中郎將張遼。

一次，張遼按曹操的命令，屯兵在長化。臨出發前，軍中有人謀反。這天夜裡，突然四處驚呼「著火了，著火了」，張遼一下從夢中驚醒，不知到底發生了什麼事，一下子騷亂起來。張遼處變不驚，對左右部將說：「傳令下去，這不是造反，只有少數人製造混亂，想以此擾亂軍心，趁亂行事罷了。」張遼親率數人，在營中端立不動，不久謀反者盡數被抓斬首示眾，於是叛亂平息。

對於處變不驚，古人認為：「志不懾者，得於預備；膽易奪者，驚於猝至。勇者能搏猛獸，遇蜂蠆而卻走；怒者能破和璧，聞釜破而失色。」

臨變有制，通達權變，這是大智之人才能為之的事情。很多人不知隨機應變，不知如何面對眼前的變故，所以會受到變故的打擊。臨變不慌，機智應變，才是真正的能忍變亂。

至於如何做到「處變不驚」，我總結了以下五點：

一是善於根據不同情況作出不同的應變，不拘泥於成規，而是根據實際情況的變化，靈活變通地運用自己的智慧去解決問題。

二是要跳出思維方法的固定模式，充分發揮人的主觀能動性，全方位地看問題，不為突發的事變所震懾。

三是要臨變不驚，臨亂不慌，處理變亂要有恆心，有決心，有勇氣，不能手軟心慈。

四是應該多注意總結、分析，在變亂發生之前做好相應的準備工作，不致於事到臨頭還不知如何應付，這樣就會使自己處於被動的局面。

五是面對變亂要積極地尋求處理變亂的方法，而不能慌不擇路，毫無原則可循。

我軍與曹操爭奪漢中之時，曹操實力強於我軍，但終因他不能做到「處變不驚」，才中我「疑兵之計」，狼狽而逃，拱手讓出漢中。由此看來，說「處變不驚」是成大事必備的素質實不為過。

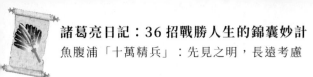

魚腹浦「十萬精兵」：先見之明，長遠考慮

　　我之所以提前若干年在魚腹浦布陣，是因為我認為在我蜀與東吳的關係上，和固然是主旋律，戰亦不可避免。一旦撕破臉，勝了不說，我方一敗，必退走魚腹浦。所以我在魚腹浦布「八卦陣」，以備不時之需。得與失的互為轉化之效果，有時也並不是馬上就可見到的，但懂得其中奧妙的人，會掌握取捨的主動權，讓它發揮出意想不到的效果。

　　「計取漢中」之後，劉備不肯稱帝，暫為漢中王，立子劉禪為王世子，我被封為軍師，總理軍政大事，其餘諸將各按功定爵。

　　隨後，劉備修書一道，派人送往許都，奏知天子，曹操在鄴郡聞知劉備稱王，遂勾結東吳孫權，水陸兩路欲取荊州，劉備請我商議，我建議派人送官爵與雲長，讓他先進兵取樊城，使敵軍阻塞，曹、孫兩家同盟自然瓦解。

　　雲長英勇，一路無人能敵，輕取了襄陽，遂渡江攻打樊城，後與曹軍多次交戰，曹軍皆大敗而回。曹仁、滿寵堅守不出，向曹操求援。曹操加封于禁為征南將軍，龐德為先鋒，挑選了七支精兵救援樊城。龐德與雲長相遇，大戰百餘回合，不分勝負，後龐德詐使拖刀計，偷拽雕弓突施冷箭，射中雲長左臂。雲長回營養傷，十日不出，于禁、龐德遂移七軍轉過山口，離樊城北十里，依山下寨，于禁領軍截斷大路，令龐德屯兵於谷中。

　　雲長有勇有謀，箭瘡初合，登高親探敵情，見樊城上旗號不整，軍士慌亂；城北十里山谷內俱屯兵馬；觀襄江水勢很急，遂計從心起。

　　時值八月，一連幾天，大雨滂沱，河水滾滾。雲長命軍馬移於高地。又於漢水口準備戰筏，收拾雨具，並派人偃住各處水口，準備襄江水發，乘高就船水淹樊城及谷中魏軍。

　　一夜，風雨大作，襄江之水如萬馬奔騰，四面八方向魏軍襲去，七軍亂竄，隨波逐流者不計其數。于禁、龐德與魏軍諸將皆登上小山避水。後雲長

率眾將乘大船至，于禁身為首將卻膽小如鼠不戰而降，龐德死戰，雲長用戰船將小山團團圍定，矢石如雨，魏兵死傷殆盡，龐德也被周倉生擒。雲長趁水勢未退，又上戰船，帶領眾將，大舉進攻樊城。

雲長樊城一戰，水淹七軍，活捉了于禁、斬了龐德，威震天下，我知後心中大喜，雲長當世虎將，今我軍士氣正盛，魏軍聞風喪膽，取樊城指日可待。

不料孫權陰險，欲趁雲長攻打樊城之際，襲取荊州。我雖不在荊州，但無時不關心荊州狀況，探馬報我，雲長沿江上下，或二十里，或三十里，山頂之處均設峰火台，軍馬整肅，我才放心，如此孫權定無機可乘。

誰料東吳竟有如此賢才，此子名叫陸遜。陸遜雖年少，卻足智多謀，深諳兵法，此是東吳之福卻是我蜀之禍。陸遜獻策，讓呂蒙託病辭職，以陸口之任讓與他人，使人卑辭讚美雲長以驕其心，雲長必傾荊州之兵去取樊城，如此襲擊荊州便有可乘之機。

雲長氣盛，果然中了驕兵之計，調了荊州大半兵馬去攻樊城。孫權便乘機奪了荊州，公安傅士仁、南郡糜芳也相繼投了孫權。

曹操得知雲長「水淹七軍」，遂急撥精兵五萬，令徐晃為大將，呂建為副將，去解樊城之急，後又自領軍士，前去營救曹真。徐晃乃雲長舊部，相交甚好，雲長遂去勸降，徐晃不念舊情與雲長交戰，曹仁聞知救兵已到，引兵出戰，兩下夾擊，我軍大亂。

雲長見軍心已亂，便棄了大寨，急奔襄陽，後知呂蒙取了荊州，曹、糜二人已降東吳，後悔不已，以為無面目見劉備，遂領兵從旱路去取荊州。前有吳兵，後有魏軍，軍心渙散，加之呂蒙誘降，我軍臨陣脫逃者眾多，雲長隨從只剩幾百人。一路突圍，進了麥城。進退無路之際，讓廖化去上庸向劉封、孟達求援，不料孟達怕死，劉封毫無主見，見死不救。

可憐雲長手下兵少，且多帶傷，城中無糧，甚為淒苦。無奈之下，棄城從小路入西川，中了吳軍埋伏，雲長與其子關平，盡被俘去，誓死不降，終皆遇害，雲長享年五十八歲。

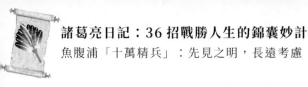

　　「雲長敗走麥城」的詳細經過，是後來突圍的廖化等人告知，我聽後傷心欲絕，只恨為時晚矣！孫權欲乘機取荊州在我意料之中，終因雲長早有準備我才放心，後荊州失守，雲長讓馬良、伊籍向我求救，呈上表章，我還未知表中內容，廖化已到，哭拜於地，說劉封、孟達見死不救，我已料雲長此次凶多吉少，繼而探馬來報，雲長父子已魂歸天際。

　　此後不久，曹操病逝，曹操之子曹丕威逼漢獻帝讓位，自立為大魏皇帝，消息傳到成都，且傳言獻帝已遇害。劉備聞知，悲痛萬分，命百官掛孝，遙望設祭，追遵獻帝為「孝愍皇帝」。

　　我與太傅許靖、光祿大夫譙周商議：國不可一日無君，應擁戴漢中王劉備為皇帝。遂引百官上表，請劉備稱帝。劉備執意不肯，我又苦勸數次，仍被斷然拒絕。之後在我百般規勸之下，劉備方才同意即皇帝位，改元章武元年，立妃吳氏為皇后，封長子劉禪為太子；封我為丞相，其餘盡數封賞，大赦天下。

　　此時，張飛在閬中，得知關羽被害，早晚痛哭流涕，淚濕衣襟，諸將用酒勸解，張飛酒醉後更加暴躁，帳下但有過失者，即被鞭撻。劉備派使前去，宣讀詔旨，張飛受爵拜北。張飛報仇心切，遂與使者一道奔赴成都。

　　我主劉備每日親臨教場操練兵馬，恨不得立刻發兵，定要御駕親征。之前我苦諫數次，告知國賊乃是曹操。曹丕篡權，可早圖關中，天下義士必裹糧策馬以迎王師，劉備心意已決，要啖孫權之肉滅其族，方雪恨。劉備身在教場，我又引百官到教場苦諫，劉備稍有轉意，張飛入內，拜伏於地，大哭：「陛下今日為君，早忘了桃園之盟！」如此一激，劉備伐吳之心堅決，我知勸諫無用矣！

　　次日劉備命我保太子守兩川；馬超、魏延守漢中；黃忠為先部，趙雲為後應，擁兵七十五萬，擇定即日出師。

　　即說張飛回到閬中，下令軍中：限三日內製作白旗、白甲，三軍掛孝伐吳。末將范彊、張達入內見張飛，告知須寬限幾日，張飛氣惱，遂將二人捆在樹

上，各鞭背五十，並警告他們，如違了限期，即殺頭示眾。范彊、張達夜間趁張飛大醉獨睡於帳中，割了張飛首級，夜投東吳而去。

張飛英雄一世，卻落得如此悽慘的下場，在我看來全因其秉性所致。張飛與我相交甚厚，我對他很是瞭解，他雖英勇，卻少有謀略，且脾氣暴躁，火暴的個性不但讓他人緣不佳，也使其丟了性命，可惜了一身好武藝。

劉備得知張飛已亡，立刻昏絕在地，半晌方醒，放聲痛哭，遂決意伐吳，催兵前行。

我軍前至亭，布列軍馬，直至川口，接連七百里，前後四十營寨，白天旌旗蔽日，入夜火光耀天。吳將陸遜堅守不出。由於天氣炎熱，大軍屯於赤日之下，取水甚為不便，劉備便命各營皆移於山林茂盛，迎溪澗之地。又恐吳兵突襲，遂令吳班引萬餘弱兵，近吳寨平地安營，又選八千精兵伏於山谷之中。若陸遜來擊，便令吳班詐敗誘敵，以伏兵擊之。

此時我正在東川查看各處隘口，恐魏兵入侵，馬良得到劉備應允遂自去備營畫成四至八道圖本，親到東川問我。我看罷圖本，大驚失色，拍案大怒，按此圖本，我漢朝氣數休矣！以大兵廣布地形複雜之地，是兵家大忌，如果對方用火攻，不能解。況且哪有連營七百里拒敵的道理，陸遜堅守不出，定有詭計。我急令馬良回去，讓劉備改屯諸營，成都可以無憂。再者劉備若敗，當投白帝，我入川時，已伏「十萬精兵」在魚腹浦，料陸遜也通不過去。

果然不出我之所料，陸遜詭計以火攻我軍，順風放火，四十屯，只燒二十屯，每隔一屯燒一屯，遍野火光不絕，死屍層迭。陸遜又引兵殺出，我軍慘敗。正好趙雲正在川中江州，聞兩軍交戰，便引軍前去探視，忽見東南一帶火光沖天，料劉備被圍，遂趕去營救。救出劉備，往白帝而去。

陸遜大獲全勝，當下又命大軍不得停息，乘勝往西追襲，欲生擒我主劉備。吳兵追至魚腹浦來到我設石陣前，陸遜見殺氣很重，便心中猶豫，但見只有亂石八九十堆，並無人馬，遂直入石陣。此石陣是我入川之時布下，名為「八卦圖」，陣反覆八門，每日每時變化無窮，可比十萬精兵，布此石陣，

是為御東吳之兵，以備不時之需。陸遜追至，不識此陣，從「死門」而入，定不得出，困死石陣之中。

「人算不如天算」，在此緊要關頭，我岳父黃承彥卻偏偏出現。他平生好善，不忍見陸遜陷沒陣中，不顧我許久之前告誡：「後有東吳大將迷陣中，千萬不要引他出來。」將他從「生門」引出，我之努力功虧一簣。陸遜被石陣所擋，又恐魏軍乘機入侵，遂引兵退去。

憶眾多往事，我感慨萬千：

魚腹浦「十萬精兵」，是告後人要有先見之明，作長遠考慮；

關羽中「驕兵之計」而敗，是讓後人切忌驕傲自滿；

張飛一世英雄卻無謂慘死；劉備不聽眾諫，以致兵敗，是戒後人勿讓憤怒沖昏了頭腦。

▋著眼未來，力避後患

我之所以提前若干年在魚腹浦布陣，是因為我認為在我蜀與東吳的關係上，和固然是主旋律，戰亦不可避免。一旦撕破臉，勝了不說，我方一敗，必退走魚腹浦。所以我在魚腹浦布「八卦陣」，以備不時之需。

得與失的互為轉化之效果，有時也並不是馬上就可見到的，但懂得其中奧妙的人，會掌握取捨的主動權，讓它發揮出意想不到的效果。

戰國時，齊國的孟嘗君是一個以養士出名的相國。由於他待士十分真誠，感動了一個具真才實學而十分落魄的士人，名叫馮驩。馮驩在受到孟嘗君的禮遇後，決心為他效力。

一次孟嘗君要叫人為他到其封地薛城討債，問誰肯去？馮驩說：「我願去，但不知用催討回來的錢，需要買什麼東西？」孟嘗君說：「就買點我們家沒有的東西吧！」馮驩領命而去。到了薛城後，他見到老百姓的生活十分窮困，聽說孟嘗君的討債使者來了，均有怨言。於是，他召集了城中居民，對大家說：「孟嘗君知道大家生活困難，這次特意派我來告訴大家，以前的

欠債一律作廢，利息也不用償還了，孟嘗君叫我把借據也帶來了，今天當著大夥的面，我把它燒毀，從今以後，再不催還。」說著，馮驩果真點起一把火，把借據都燒完了。薛城的百姓沒有料到孟嘗君如此仁義，個個感激涕零。

馮驩回來後，孟嘗君問：「你討的利錢呢？」馮驩回答說：「不但利錢沒討回，借債的借據也燒了。」孟嘗君便很不高興，馮驩對他說：「您不是叫我買家中沒有的東西回來嗎？我已經給您買回來了，這就是『義』。焚券市義，這對您收歸民心是大有好處的啊！」

果然，數年後，孟嘗君被人讒譖，齊相不保，只好回到自己的封地薛城。薛城的百姓聽說恩公孟嘗君回來了，全城出動，夾道歡迎，表示堅決擁護他，跟著他走。孟嘗君至為感動，這時才體會到馮驩的「市義」苦心。這就叫「好與者，必多取」，小的損失可以換取大的利益。

現實生活也是一樣，著眼完美是人人所願，追求成功和利益是大勢所趨。人們往往會根據當時環境來制定完美的成功方案，然而世事多變，成功之路往往曲折複雜，此時的「完美」、一時的「成功」無法替代將來的「完美」、最終的「成功」，這樣，很多人便會在不知不覺中陷入顧此失彼，因小失大或急功近利的泥淖。因此，制定任何方案，都應胸懷「著眼未來，力避後患」之計，為了將來成功，寧可丟棄眼前之利或一時之需。

人生路上，生意途中，坎坷與陷阱是少不了的。以充分的耐心為自己留些後路，險情面前才能安如磐石。

永遠不要自滿

自滿指的是滿足於自己已有的成績。自滿之心將使你自傲自大、自以為是，總認為自己是最好的、最正確的。我曾聽說過這樣一個故事：

有一禪師，一天，一位學者去向禪師問禪，禪師以茶水招待，他將茶水倒入這個來訪客人的杯中，杯滿之後他還繼續倒入。這位學者眼睜睜地看著茶水不停地溢出杯外，直到再也無法沉默下去了，終於說道：「已經滿出來了，

不要倒了。」「你的心就像這個杯子一樣，裡面裝滿了你自己的看法和主張，你不先把你自己的杯子倒空，叫我如何對你說禪？」禪師意味深長地說。

禪師教導的「把自己的杯子倒空」，不僅是佛學的禪義，更是人生的至理名言。一個人如果自滿，覺得自己很了不起，就必然導致什麼都裝不下，就像茶水溢出來一樣，再也不會有什麼大的進步。

雲長之所以中「驕兵之計」丟了荊州，直至敗走麥城，都因自滿之心而起，可見自滿之心百害而無一益，誤人誤事。

為人千萬不能有自滿之心，自滿會使你沾沾自喜，是一種愚蠢的表現。過分自我感覺良好，只會讓你失去本該屬於你的一切。

然而，在生活中經常會遇到這樣一種人，他們總喜歡指出別人的缺點，說人家這做得不合適，那也做得不夠，似乎他什麼都行，對什麼都可以說出一個大道理來。其實，這只是一種自滿的表現，他們之所以擺出一副「萬事通」的面孔來，就是怕被別人藐視，用這種方式來顯耀自己，以此來提高自己的地位，可是這樣做的結果只會讓人厭惡。

道理很簡單，你不相信別人有辦好事情的能力，別人也不會把你的能力放在眼裡。

記住：只有讓自滿之心隨風而去，你才能忘記昨日的一切，信心百倍地迎接每一天。而雲長如果深知此番道理，定會謹慎為人，去其驕傲之心，他勢必能趨利避害，有更大的作為。

▍讓憤怒之情立即化為烏有

動輒憤怒是很多人的習性，這有礙於辦成事、做大事。為什麼？

我們每個人都避免不了動怒，憤怒情緒也是人生的一大錯誤，是一種心理病毒；它與其它病一樣，會使你重病纏身，一蹶不振。也許你會說：「是的，我也明知自己不該發怒，但就是控制不住自己」。若你是一個欲成大事者，你就應該注意，能不能消除憤怒情緒與你的情緒控制能力有關。

其實，並非人人都會不時地表露自己的憤怒情緒，憤怒這一習慣行為可能連你自己也不喜歡，更不用說他人感覺如何了。因此，你大可不必對它留戀不捨，它不能幫助你解決任何問題。任何一個精神愉快、有所作為的人都不會讓它跟隨自己。

憤怒既是你做出的選擇，又是一種習慣。它是你經歷挫折的一種後天性反應。你以自己所不欣賞的方式，消極地對待與你的願望不相一致的現實。事實上，極端憤怒是精神錯亂——每當你不能控制自己的行為時，你便有些精神錯亂。因此，每當你氣得失去理智時，你便暫時處於精神錯亂狀態。

與其他所有情感一樣，憤怒是大腦思維後產生的一種結果。它不會無緣無故地產生。當你遇到不合意願的事情時，就告訴自己：事情不應該這樣或那樣，於是你感到沮喪、灰心；然後，你便會做出自己所熟悉的憤怒反應，因為你認為這樣會解決問題。只要你認為憤怒是人的本性之一部分，就總有理由接受憤怒情緒而不去改正。

但只要你不去改正，你的憤怒情緒將會阻止你做好事情。成大事者是不會讓憤怒情緒所左右的。歷史上有許多這樣的例子，他們中能壓下怒火的就成功，而憑著這一怒之氣行事的則大多失敗了。張飛如此，劉備如此，而相反地，漢高祖劉邦卻深知其中厲害，終而成就了大業。

當時，劉邦與項羽在戰場上進行激烈的戰爭，就在此時，韓信攻占齊地後派人給劉邦送來了信，要求封他為假齊王。劉邦見信後勃然大怒說：「我被困在這裡天天盼他來幫助，他卻想自立為王。」正在這一時刻，張良用手拉了拉劉邦的袖子，悄聲對他說：「現在戰場形勢於我不利，怎麼能阻止韓信稱王呢？不如答應他的要求，立他為王以隱住其心，否則他會倒戈叛亂的。」劉邦這才恍然大悟，忙改口對使者說：「大丈夫平定諸侯，就當他個真王，哪能當假王呢？」這一步棋穩住了韓信，使韓信盡心竭力地為劉邦效命，為漢朝的統一立下了汗馬功勞。

從這件事就可看出，在關鍵時刻是不可以讓怒火左右情感的，不然你會為此付出代價。

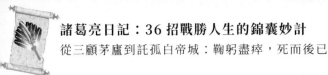
從三顧茅廬到託孤白帝城：鞠躬盡瘁，死而後已

「鞠躬盡瘁，死而後已。」這是我的人生信條，這一信條伴隨我一生，時刻不敢忘記。許多人都說我不懂放權，專權專治，那是他們不瞭解我的秉性，不知道我的內心，如果從赤壁之戰到白帝託孤，這十四年可以重新來過，我諸葛亮仍會選擇追隨劉備……。

「鞠躬盡瘁，死而後已。」這是我的人生信條，這一信條伴隨我一生，時刻不敢忘記。

在常人看來，一個能在曹操、孫權、劉表、劉璋等手握重兵、喧赫一時的群雄那裡謀到一席之地的人，偏偏看上既沒有地盤，又沒有多少兵馬的劉備，豈非將一生事業繫在前途未卜的人身上？

其實不然。撇開劉備反曹的堅定，以興微繼絕為己任這一層不說，去了能受重用，一展平生抱負的，捨劉備其誰？劉備不以我一介布衣、一名無知青年為鄙陋，三次屈尊就教，單憑這一點，我終生感激不盡。豈不聞「士為知己者死」！我諸葛亮，將領導者的素質看得比實力更重要，要成事業，先學做人，這是千古不變的真理。

既追隨劉備，我一刻不敢怠慢，知道自己所學有限，要想順應時勢，唯有不斷地在實踐中學習，方能不負劉備所望，也才能更好地盡人臣之責。

劉備奪得荊州以後，我被任命為軍師中郎將，駐在臨烝，主持零陵、桂陽、長沙三郡，徵調賦稅，充實軍糧，從赤壁之戰時的軍事外交鬥爭，轉到為擴大了的軍隊籌措軍糧和維持後方治安之上。前方由劉備負責，後方由我負責，我與劉備近似當年蕭何與劉邦，而我諸葛亮何德何能，得到的信任卻遠遠超過了蕭何。

戰後荊州遭到嚴重破壞，軍糧保障任務十分繁重，我不敢有片刻歡愉，邊做邊學，籌措、儲備和供應軍糧由我一人統籌。單就籌措而言，要向編戶

的自耕農徵集糧食，徵集時要造冊登記，每家有田若干，旱田，熟田，收米若干，何時繳來，倉吏何人，收錢若干，庫吏何人。糧食徵集到了，下一步就是組織人力運糧。由於壯丁大都被徵入伍，只能組織老弱負糧。這就要以恩威撫卹人員，方能做到家家出穀，平其輸調，軍食用足。

為報劉備知遇之恩，我全身心地投入工作之中，親自檢查，審核記錄，深知此職文書繁瑣，非精細之人不能為。

可以說，正是這一工作，鍛鍊了我治理的才能，培養了我一絲不苟、兢兢業業的作風，對我堅定一生「鞠躬盡瘁，死而後已」的信念起了重大作用。

記得後來我為劉備坐鎮蜀地，我收到了荊州馬良的來信，馬良稱讚我順應人們的期望輔佐當世，光大國家，端倪已見。希望我遇事多考慮，多瞭解情況，按照時代需要選擇人才，做到和光悅遠，邁德天壤，正確處理各方面的關係，使當世人們安閒、心服，統一各方面高妙的意見，不要相互競爭，奏出伯牙、師曠那樣動聽的音樂。我知道，人們對自己寄與厚望，自己必須更加努力。

如此直到劉備東征荊州為雲長報仇，歷時一年，劉備敗歸，住在蜀、吳邊境的白帝，竟一病不起，催我前去。

我從成都火速奔赴白帝。

此時劉備已六十三歲，病情嚴重，硬撐著等我到來，我一到，馬上約談，誠懇地說：「君才十倍於曹丕，必能安國，終定大事。若嗣子可輔則輔之；如其不才，君可自為成都之主。」

這是遺囑，交下兩個任務：安定國家；最終完成劉備未了心願——滅魏。當時我像聽到一聲霹靂，十分震驚；像千斤重擔壓下來，肩頭陡然一沉；又像煦之春風，溫暖全身。聆聽主公掏心窩之言，我再次感受到三顧茅廬的激動之情，止不住淚流滿面，發出肺腑之言：

「臣安敢不竭股肱之力，盡忠貞之節，繼之以死乎！」

十七歲的劉禪在成都，劉備又制詔文給這位未來後主：「汝跟丞相一起治國，要像侍奉父親一樣。」又叫來劉禪庶弟魯王劉永、梁王劉理，交待：「我死後，你們兄弟要像待父親那樣對待丞相，不能有半點怠慢。」

白帝城託孤，主公流露內心對我諸葛亮的信任，如此以誠待我，是劉備真性情的流露，怎能不令我感動！試想，如果是曹操，以權術馭人心，能如此委以相任嗎？主公如此待我，我孔明就算是粉身碎骨，也無以回報。

後來，我被封為武鄉侯，不久，又兼任益州牧，不僅國務歸我，連地方之事也歸我直接過問，可以說政事無論巨細，都取決於我。許多人都說我不懂放權，專權專治，那是他們不瞭解我的秉性，不知道我的內心。如果從赤壁之戰到白帝託孤，這十四年可以重新來過，我諸葛亮仍會選擇追隨劉備，「鞠躬盡瘁，死而後已。」而在我看來，身為下屬就理應做到以下幾點：

▌對待工作：勤奮

任何工作都值得我們做好，而且是用百分之百的精力。

工作單不單調，也由我們工作時的心境來決定。

我們的人生目標將指引我們的一生，你的工作態度，將讓你與其他人有所區別。它或者使你思想更開闊，或者使你變得更狹隘，或者讓你的工作變得崇高，或者變得俗氣。

做任何一件事對我們的人生來說都是極具意義的。

不要用他人的眼光來看待你的工作，也不要用世俗的標準來衡量你的工作，如果這樣做的話，只會讓你覺得工作單調、無聊、毫無價值。

從外部看待問題是有偏限的，只有從內部觀察才能看透事物的本質。有的工作表面上看十分乏味，只有當你身臨其境，努力去做時才能體會到其中的樂趣與意義。所以，不管你是什麼樣的人，都要從工作本身去理解你的工作，把工作看成你人生的權利與榮耀，這將是你保持個性獨立的唯一方法。別輕視你做的每一件事，哪怕是一件小事，你也要竭盡全力、盡心盡責地把

它做好。能把小事情順利完成的人，才有完成大事情的可能。一個走好每一個腳步的人，絕不會輕易跌倒，而這也是透過工作獲得偉大力量的奧祕。

要養成主動工作的習慣，你就應勤奮地工作，一分一秒也不鬆懈。

許多似乎立刻就要成功的人，在別人眼中，他們似乎應該成為一個非凡的成功者，但事實上他們都沒有做到。這是什麼原因呢？就是因為他們沒有為成功付出相應的代價。他們渴望抵達輝煌的頂峰，但卻不願跨過艱難的山路；他們不願參加戰鬥，卻又想獲得勝利；他們不願遇到阻力，總希望一切順利。

懶惰的人總是抱怨自己無能，連自己家人的溫飽問題都解決不了。而勤奮的人卻說：「我沒有什麼天份，只會拚命幹活換取酬勞。」

勤奮工作吧！只有勤奮工作你才能獲得成功、財富與榮譽。不要因為遇到困難就打退堂鼓，更不要因此就敷衍了事，勤奮將指引你越過所有的艱難險阻，直到成功。勤奮工作將給你機會，任何一個老闆都會賞識勤奮工作的下屬，這是一種值得任何人尊敬的美德，走到哪裡，它都會為你增光添彩。

▋對待團隊：敬業

敬業，顧名思義就是尊敬並重視自己的職業，把工作當成私事，對此付出全身心的努力，加上認真負責、一絲不苟的工作態度，即使付出再多的代價也是心甘情願，並能夠克服各種困難做到善始善終。如果一個人能如此敬業，那麼在他心中一定有一種神奇的力量在支撐著他，這就叫做職業道德。從古至今，職業道德一直是人類工作的行為準則，並成為成就大事所不可或缺的重要條件。

可以毫不誇張地說，一個團隊的生死存亡，就取決於其下屬的敬業程度。只有具備忠於職守的職業道德，才有可能創造出優秀的成績。如果把界定的範圍擴大到以國家為單位，那麼一個國家能否繁榮強大，也取決於人民是否敬業。例如：醫生應一絲不苟，救死扶傷；官員應及時體察民情，為百姓解

決實際問題。其實，只要構成社會的每個單元都能做到熱愛自己的工作與職業，那麼這個社會就是一個堅不可摧的整體。

不幸的是，任何行業、任何工作領域裡，都會有一部分人總是在工作中偷懶，不負責任，經常為自己的失職尋找藉口，並不知悔改，或許，在他們的頭腦裡根本沒有對敬業的理解，更不認為職業是一種神聖的使命吧。

每個人敬業所帶來的最直接結果就是團隊的不斷發展，以及老闆個人利益的不斷增加，但是個人所獲得的巨大利益就不能以金錢來衡量了。

當敬業意識深植於我們腦海裡，那麼做起事來就會積極主動，並從中體會到快樂，從而獲得更多的經驗，取得更大的成就。當然，要取得最終的成功還需要長期的努力，不會迅速見效，但如果不具備敬業精神，那也就不會有成功的可能了。工作上的馬虎失職，也許對團隊並不會造成嚴重影響，但長此以往，也就葬送了你的前程。

勤奮努力地工作不一定會得到老闆的重視，但一定會得到同事的尊敬。那些對工作並不認真負責卻能利用手段攀上主管職位的人，雖然能獲得暫時的虛榮，卻會受到同事的鄙視，同時也毀掉繼續升遷的道路。投機取巧可以讓你很快得到一定的利益，但不要忘了你會為此付出巨大的代價，那就是名譽掃地。

即使你沒有一流的能力，但只要你擁有敬業的精神，同樣會獲得人們的尊重；反之，即使你的能力無人能比，卻沒有基本的職業道德，一定會招致社會的遺棄。

一些才華洋溢的年輕人由於缺乏對工作的熱情，總是以消極、散漫的態度應付工作，並常常影響到整個工作進度，因此，他們始終無法獲得尊敬和提升。

得到人們尊敬的同時你也會獲得更多的自尊和自信。不要為低微的職位和薪水而抱怨，不必為老闆的不賞識而喪失鬥志。只要勤勤懇懇，任勞任怨，不惜投入時間和精力，定會找到工作的樂趣，得到滿足感和自豪感，並獲得別人的尊重。保持著必將勝利的信心，你會把工作做得更加出色。

一個不敬業的人，往往不夠自信，也從來沒有體會過快樂的真諦。當你把本屬於你的工作推給別人，你就拒絕了一次會讓自己感到快樂與驕傲的機會。

所以，要想讓自己此生無悔，就一定要具有敬業精神，只有敬業的人才是最快樂、最易成功的人。

▌對待老闆：忠誠

有一位成功者說過這樣一句話：「忠誠會助你取得成功。」

確實是這樣，忠誠是一種美德。

忠誠是一種人格特質，它能為人帶來一種自我滿足感，更加懂得自重，它是隨時伴隨著我們的精神力量。一個人能夠良好地約束自己，努力去做一個有益於他人的好人；也能夠放任自己，去做一個遭人唾罵的壞人。成功與失敗只在一念之間。與忠誠一直相伴的是努力。生命中不能缺少忠誠，忠誠的人無憂無慮，他能良好地控制自己的情緒，不會因為情緒激動而失控。他一直守護著生命的航船，就算航船即將沉沒，也會英勇地堅守到最後，直到與整艘船一起沉沒。

人類不能沒有忠誠，一個品德不忠誠的人不是一個完整的人。忠誠於自己的老闆，跟同事們和睦相處，共同進退，這樣就能使集體的力量得到進一步的增強，人生就會變得更加豐富多彩，事業也會相應地得到更多的成就感，工作也會理所當然地成為一種享受。而那些整天在背後議論他人是非，說三道四，挑撥離間的人，只會陷入困惑之中，最後無法跟他人和睦相處，最終將自己孤立起來。老闆不重用他，同事不願意跟他共事，不斷失去提升的機會，受傷的總是他自己。

忠誠也是老闆對下屬的最基本要求。職位越高，對忠誠度的要求也會越高。而你越忠誠，你就越能受到重用。

忠誠並不是用嘴巴說出來的，而是要經受考驗。你要明白，老闆不停地「折騰」你，這是他對你的特別器重，他正在考驗你對他是否真正的忠誠，

一旦他知道你對他忠誠不二，他一定會重用你。不管是發自內心的施與，還是無怨無悔地讓老闆盡情地「折騰」你，忠誠都是一種情感和行為的付出。你的真誠和付出一定會得到豐厚的回報。

你忠誠於你的老闆，你的老闆將會更加看重你。

你不能錯誤地把忠誠理解成對某人自始至終都忠貞不二，它是一種職業的責任感。忠誠並不是對某位老闆表示自己的忠誠，而是一種職業的忠誠，是承擔某一責任或者從事某一職業所表現出來的敬業精神。

人一生更換幾次工作是很正常的事情，但做什麼工作就要把工作做好，這是對所從事職業的高度責任感。正是因為有了這種責任感，才能把工作做得更好。

對於老闆來說，忠誠會使他得到好的助手，最大限度地獲取下屬帶給他的利益；對於下屬來說，忠誠能使下屬更快地與團隊融合，真正地把自己當成是團隊的一分子，更有責任感，對將來更加自信。

安居平五路：下屬也應善於管理老闆

下屬也應該善於管理老闆。劉禪年幼，我知新主尚無能力處理政事。白帝託孤，為報先皇知遇之恩，我決心以畢生心血輔佐新主。但劉禪與我相知甚少，恐其日後變得剛愎自用、易聽信讒言，我遂決定借此機會與其溝通，以便將來他善用手中權力，不與正確的決策行為相去甚遠。

劉備病逝白帝之後，我知此乃非常時期，國家安定是當務之急。國不可一日無君，於是我便建議速立嗣君，以承漢統。太子劉禪即皇帝位，改元建興，大赦天下。

雖如此，我仍憂心忡忡，因我深知魏賊窺探我蜀地已久，只是一直沒有良機，今我主去世，魏主曹丕定會乘機來犯。

知己知彼，方能百戰不殆。只有充分瞭解敵情，才能掌握主動。我向各地加派了間諜，命他們密切關注局勢，稍有異動，立即報我。

不久，收到線報，魏賊知我主劉備已死，舉動異常。間諜探知：魏有使臣出使遼東鮮卑國，有使臣直入南中見蠻王孟獲，有使臣去東吳見了吳主孫權，還差使至反將孟達處。此次四地出使，魏使俱有大隊車馬，前呼後擁。

我料曹丕此次出使四地必無好事。鮮卑首領軻比能向來貪財，魏使出使，大隊車馬必帶有眾多金銀財物，軻比能定擋不住其誘惑；南中蠻王孟獲，叛蜀之心已久，只是實力尚不足以與我蜀對抗，今魏拉攏，他定會應允；反將孟達，擁兵一方，本是魏將，今差使至，定有圖謀；吳主孫權，雖與我蜀有結盟之約，但他對蜀地也早有窺探，今若形勢對蜀不利，孫權勢必會有所舉動。

思前想後，我越感危機重重，寢食難安，暗謀對策。

建興元年秋八月，忽報魏調五路大軍來取西川，新主劉禪聽後大驚，急差近侍，宣我入朝議事。

劉禪年幼，我知新主尚無能力處理政事。白帝託孤，為報先帝知遇之恩，我決心以畢生心血輔佐新主。但劉禪與我相知甚少，恐其日後變得剛愎自用、

易聽信讒言，我遂決定借此機會與其溝通，以便將來他善用手中權力，不與正確的決策行為相去甚遠。

近侍來我府中，我命家人告知我染病在身，不能入朝。後劉禪又令黃門侍郎董允和諫議大夫杜瓊來我家中，我均讓家人擋於府前，皆不得入。

次日，劉禪率眾官親至我府，家人擋眾官於門前，唯讓劉禪入內。當時我正在小池邊觀魚，劉禪立我身後，等了許久，方才輕聲與我交談，我急忙拜見以示尊敬，劉禪急迫詢問：「今曹丕五路進兵，犯境甚急，相父為何不肯出府議事？」我笑答：「這事臣怎能不知，臣身在觀魚，心在劃策。」接著我扶劉禪入內室坐定。劉禪問我退兵之計，我娓娓道來，劉禪又驚又喜，盡露欽佩之色，我見他深信於我，心中頗感欣慰，也不枉我費此苦心。

其實，我早料到曹丕會夥同軻比能、孟獲、孟達、孫權四路前來攻蜀。用兵之妙，貴在使人不測，今番曹丕竟將用兵之事盡現於人，犯了兵家大忌，也使我提前有了應對之策：

鮮卑首領軻比能，引兵犯西平關，我知馬超祖籍西川，素得羌人之心，羌人以馬超為神威天將軍，我差人密令馬超把守西平關，羌人見了馬超，不戰自退。

南中蠻王孟獲，兵犯四郡，我令魏延領一軍左出右入，右出左入，為疑兵之計。蠻兵生性多疑，見到疑兵，不敢前進。

反將孟達，起上庸兵十萬，西攻漢中。我知孟達與李岩曾結生死之交，我模擬李岩的筆跡寫信送與孟達，曉以利害。孟達本就懼怕我蜀，只是迫不得已勉強而行。收到信後，果然稱病不出。

魏將曹真，從正面進攻陽平關。陽平關地勢險峻，難攻易守，我調趙雲引一軍把守關隘，並不出戰。曹真見我軍不出，不久便退了兵。

東吳孫權，實乃坐觀其變者，他見我從容退去四路大軍，遂也不敢輕舉妄動，以免結怨我蜀。我深知東吳對蜀漢的重要作用，遂派戶部尚書鄧芝前往東吳，遊說孫權與蜀聯合，結為脣齒，此乃長久之計。鄧芝不辱使命，順利達成目的，自此東吳無憂矣！

人無遠慮，必有近憂。此次能敵五路大軍，全因先有準備，抓住重點，逐個擊破。不戰而勝，實乃蜀漢人民之幸，安居樂業也是我蜀中人民最希望看見的結局。對於此次「定居平五路」，我最大的感受不在於如何退敵，而在於以下幾點：

▌下屬也應該善於管理老闆

今天，許多人開始明白，團隊其實是所有員工共享的公共性組織，而不是某個老闆的私有財產。然而，似乎並沒有多少下屬了解管理老闆有多麼重要（更糟的是，幾乎沒有多少人相信他們能夠做到這一點）。他們為此感到既痛苦又無可奈何。因此，對以往老闆大權獨攬、下屬唯命是從的管理模式進行改革已經成為必要。

「管理老闆」聽起來似乎有些冒犯，然而其用意在於找到一種身為下屬的積極行為模式，強調身為下屬所需要具備的勇氣、力量、操守、責任與使命感，藉此達到下屬與老闆相輔相成的目的。這個模式對下屬的角色扮演提出了一種新的思考，認為下屬與老闆的重要性不分軒輊，其道理在於，如果沒有賢能部屬的輔佐，領導者很難長期有效地善用自己手中的權力。

一個被大家忽略的事實是，身為老闆，在擁有旁人無法分享的權力的同時，也不得不承受許多責無旁貸的壓力（這些壓力如果不是身臨其境，旁人是很難體會的）。因此，便誕生了一個人們公認的哲學：領導者必須具備「堅強的自我」。但是，這種人格特質如果缺乏妥善的管理和賢能部屬的輔佐，就很可能演變為「剛愎自用的自我」，進而造成獨裁專斷和決策過程的扭曲，嚴重傷害到團隊合作的良性互動。

從下屬的層面上看，應有一種「自危感」，我們必須要自己照顧自己，並且互相扶持。

男人和女人懷著對幸福的共同追求走到一起，老闆和部屬之間也應該圍繞共同的目標組成一個行動整體。由於社會對職業能力的要求，我們必須改變身為部屬那種溫順、服從、軟弱，以及無法出人頭地的角色形象，並接受

「強力」部屬輔佐「強力」領導者的觀念，在組織體系中真正建立上下交流、自我負責以及同心協力的合作關係。

對於一個男人而言，家有賢妻是福，同樣地，賢能的部屬也應該善於管理老闆，這樣不僅有利於員工的利益，也有利於老闆的利益。因為，我們畢竟共有一個「家」。

那又該如何管理老闆呢？

應該從幾個方面來看：一方面是你應該做什麼；另一方面是你不該做什麼。

你應該做什麼？

作為一個認真履行職責的下屬，首先應該瞭解自己的權力，並且知道如何善用這份權力。由於團隊的職能流程，一個下屬擁有的權力其實比我們想像得更多。可是因為誤解，或者因為害怕承擔責任，許多人放棄了自己的權力。

這個道理很好理解，也就是說，責任與權力從來都是相關的，擁有多大權力，就應承擔多大責任。這話反過來說也同樣成立：如果一個人明白自己肩負的責任，就應該對權力當仁不讓。對於一個下屬而言，追求卓有成效的業績就是他肩負的責任。

所謂「卓有成效」，就是透過自己與老闆之間的互動，讓個人的成長與團隊的發展獲得共同實現。在這個過程中，我們必須明白，使老闆有效益、有效率地實現目標，是我們身為部屬的重要職責之一。這就需要對老闆進行管理。

也許有人認為：如此一來，豈不混淆了老闆的角色？

其實不然，因為老闆自有老闆的價值。作為下屬，我們還應該瞭解老闆的價值所在，珍惜他為團隊做出的重要貢獻。

其次，我們還應該瞭解有哪些負面的因素正在損耗他的創造力、幽默感和決心。針對老闆的長處和侷限，我們要問一問自己：「我應該怎麼做？我

應該如何幫助老闆去排除那些負面因素，進而營造一個有利於老闆成長的環境？」而一旦排除那些負面的因素，我們還應該正視權力對於老闆的負面作用。有一句話是這樣說的：「權力使人腐敗，絕對的權力使人絕對地腐敗。」我們應該學習如何正確地反對權力的黑暗一面，這也是為了對自己或團隊的前途負責。

不應該做什麼？

一個合格的部屬同樣要嚴格遵守職場遊戲中的規則，以下三點是我們部屬必須恪守的：

第一，永遠忠誠於團隊，直到離開。

這是最基本的職業道德，理所當然必須恪守。

第二，永遠不要讓老闆感到你不可信任。

成功地管理老闆的前提，是老闆對你的信任，任何可能產生不信任的舉動都是危險的。

第三，永遠不要貶低老闆。

老闆跟普通人不一樣。因為領導者的權威不容侵犯，他絕不會允許一個部屬隨意冒犯他，所謂「伴君如伴虎」就是這個道理。不要認為老闆素質低而瞧不起他，較好的做法是過高地評價老闆，這不會有任何危險。

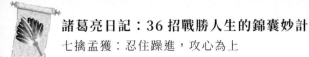

七擒孟獲：忍住躁進，攻心為上

　　南中地勢險要、地處偏遠，不滿之心存在已久；孟獲是南中地區少數民族的首領，在當地頗具威信。此二點讓我意識到，要從根本上解決南中問題，就必須忍住躁進之心。南征的主要目的不是為了打敗叛軍，而是要徹底征服叛軍，使國家長治久安。要讓對手心服口服並不是一朝一夕的事情，必須循序漸進，有一個讓其服氣的過程。

　　「安居平五路」之後，經過一段時間的修整，蜀國呈現出繁榮景象，為了抵禦曹丕，又與孫權恢復了結盟關係。

　　建安三年我坐鎮成都，獲悉蠻王孟獲起兵十萬犯境。我深知南中之事不僅關係到蜀國的安定，同時也關係到北伐大業，遂決定親自率軍遠征。

　　南中地勢險要、地處偏遠，孟獲是南中地區少數民族的首領，在當地頗具威信，對我蜀不滿之心存在已久。因此，我意識到，要從根本上解決南中問題，就必須忍住躁進之心。南征的主要目的不是為了打敗叛軍，而是要徹底征服叛軍，使國家長治久安。要讓對手心服口服，並不是一朝一夕的事情，必須循序漸進，有一個讓其服氣的過程。

　　正所謂「兼聽則明」，為了更好地達到南征目的，我廣開言路，聽取眾人意見。在眾多意見中，唯參軍馬謖的破敵之策與我的想法相符：「南中地勢險要偏遠，即使今天用武力取勝，大軍一退還會反叛。如丞相舉兵北伐曹魏，他們得知國內兵力空虛，就會加緊叛亂。若用武力把他們趕盡殺絕，又非仁者之情。用兵的道理應以攻心為上，攻城為下；心戰為上，兵戰為下。希望丞相不要專用武力，要注意征服他們的心。」

　　馬謖之言與我不謀而合，更讓我堅信「攻心」才是長久之計。

　　五十萬大軍，兵分三路挺進南中，沿途平定零星叛軍，主力行至益州郡。孟獲為叛軍首領，我知他在當地軍民之中威望很高，許多人都願意服從他的指揮，我便欲對深得「夷漢所服」的孟獲採用「攻心」戰術，遂傳令軍中，與孟獲交戰之時不得傷害於他，只能生擒。

蠻王孟獲得知我軍已進南中，就率軍前來迎戰，走到半路，正遇王平軍馬，軍容不整、戰旗雜亂，孟獲便有一些輕敵。兩軍對壘，王平與孟獲交戰，不過十幾回合王平就露敗跡，調馬便走。孟獲見王平如此無能，催馬便追。孟獲不知是我之計，被伏兵團團圍住，拚命衝殺才得以突圍，向山谷逃竄。他萬沒料到山谷之中早有伏兵，無路可逃，只能束手就擒。

押至營中，我責問先帝待他不薄，他為何謀反。孟獲以自己世代居住南中為由，反說是我們犯他土地，並不是他造反。後又大叫自己一時大意，才被捉住，不能算輸。我知他心中很是不服，遂帶他參觀軍營，以軍威震懾，並以酒肉招待了他，而後放他回去。

孟獲回去重整兵馬，再次交戰。他派董荼那、阿會喃領兵與我軍交戰，結果大敗而歸。因為二人上次被俘又被我放回，孟獲疑心他們歸順了我而故意敗陣，欲將二人除去，二人見事不妙，趁孟獲不備，帶人將孟獲捆了起來，送到了我軍營之中。

此番，孟獲仍然不服，認為是自己部將叛變而被抓住，並不是我之能力，於是我又放他回去。

幾天之後，孟獲之弟孟優引百餘蠻兵，帶金珠、象牙之類，渡過瀘水，來我營中。我召其入見，孟優表明來意：「孟獲感激丞相兩次不殺之恩，知道敵不過丞相，準備投降，讓我先行一步，送來禮物作為賞軍之用。」我豈能不知這是孟獲詐降、裡應外合之計，但我不露聲色，裝作信以為真，備下豐盛酒席，招待孟優一行。席間我讓人頻頻勸酒，結果所有蠻兵喝得爛醉如泥。

半夜時分，孟獲果然前來襲營，不知我早有準備，結果又被生擒。

孟獲又找藉口，說是他用人不力，誤了大事，還是不服。於是，我又第三次放他回去。

孟獲三次被擒，我料他不會再像以前一樣輕敵，於是改變了戰術，首先將營寨遷到瀘水南岸，再設計擒他。

孟獲引十幾萬蠻兵恨怒而來，大有一決死戰的架勢。兵法有云：「避其銳氣，擊其惰歸。」我見孟獲士氣很盛，故退回營寨，四面緊閉，堅守不出。

數日之後我見蠻兵已多懈怠，於是召趙雲、魏延等用計破之。我命軍士棄寨退過河北，我軍一退，讓馬岱拆去浮橋，移於下流，去渡趙雲、魏延過河接應。又讓張冀退兵之時在寨中多設燈火，引孟獲前來追趕，斷其後路。

次日，孟獲前來挑戰，見寨中無人，寨內還棄有糧草車仗數百輛，不知有計，以為我軍真的撤退，觀察營內虛張燈火以為疑兵，果然如我所料，帶兵追趕。我又預先在北岸沿河一帶，立下營寨，遍插旌旗，我料孟獲追來，定以為我怕其追趕暫時少住，不久便會退去，那時他再奮而擊之。如意算盤打得真好，卻不知我軍早已入他之境。

次日夜裡狂風大作，四面火明鼓響，我軍殺將出來，猶如從天而降，孟獲大驚，蠻兵大亂，殺開出路，徑奔舊寨，而趙雲在寨中已等候多時，衝殺出來，孟獲慌忙欲回西洱河，於是往山僻處而走，又一彪軍殺到，乃是馬岱，可憐孟獲只剩九騎殘兵，往山谷而逃，南、北、西三面，塵頭火光，他不敢進，只得向東而去。我早在東面等他，孟獲見我，怒極，因我隨從甚少欲捉我，衝將過來，連人帶馬落入陷坑之中，後面埋伏的魏延，領兵上前，將孟獲生擒。

可笑孟獲厚顏，幾番被我捉住，仍大言不慚，要我再放他回去，他必報四次被擒之仇。我心中雖不悅，但我知此番動怒，勢必前功盡棄，於是大笑，把他放回。

五擒孟獲甚是簡單，孟獲領數千殘兵去投西南禿龍洞朵思大王，逃進禿龍洞，後用木石壘斷堵截東北一條路的進口，此路地勢平坦，人馬可行，今被阻斷，我軍只能由西北一路進洞；這是剩下的唯一路徑，但此路瘴氣瀰漫，多藏毒蛇惡蠍，人馬難行。孟獲想憑此天險阻擋我軍前進。在我無計可施之際，幸得一山中老叟相助，助我軍得飲水，去瘴氣，一路挺進，直至禿龍洞前。

此番生擒孟獲未費一兵一卒，應歸於那銀冶洞二十一洞主楊鋒，楊鋒為報我前次不殺之恩，以助戰為名混入洞中，趁與孟獲等人暢飲之時，讓三個兒子為孟獲三人斟酒，利用此間機會將三人拿下。

孟獲見我，仍不服氣，於是我將孟獲、朵思大王等一併用鞍馬送回。

六擒孟獲，是孟獲投靠西南八納洞主木鹿大王，兵敗，木鹿大王死於亂軍之中，我軍占了孟獲藏身的銀坑洞。此後，我正欲分兵緝拿孟獲，蠻王妻弟帶來洞主，因勸孟獲歸降，其不從，遂將孟獲、祝榮夫人一干人等盡皆擒來。我聽罷知是一計，遂決定將計就計，讓張嶷、馬忠引二千壯兵，伏於兩廊，待孟獲等皆進洞內，盡皆縛住，後命人搜身，果然藏有利刃。

孟獲此番仍然不服，我第六次放其回去。

第七次擒住孟獲，可以說是我一生最痛苦的回憶。孟獲投烏戈國，國王兀突骨引三萬藤甲兵助戰，藤甲兵所穿藤甲刀槍不入，入水不沉，但沾火即著。迫於無奈，我設計引兀突骨及三萬藤甲兵進入山谷之中，而後以火攻之，可憐三萬藤甲兵，燒得互相擁抱，死於谷中。戰後我感此番戰死無數生靈，為此在瀘水岸上設香案，鋪祭物，親自臨祭，誦讀祭文，放聲慟哭許久。

而那孟獲當日知藤甲兵被困山谷，領兵去救，我讓馬岱領千餘兵假扮蠻兵，混進孟獲軍中，不費吹灰之力，將其生擒。

七擒七縱，自古以來從未有過。孟獲雖為蠻人，也懂得知恩圖報。在第七次擒他以後，我又欲放他回去，孟獲與妻子宗黨人等匍匐跪於帳下，垂淚道：「某子子孫孫皆感大恩，丞相天威，南人不敢再犯！」自此「攻心」之計算是告結，南中總算平定。

我任孟獲為蜀國官員，全權管理南中地區。從此江南一帶和平安定，人民生活一片和諧。

「七擒孟獲」記憶猶新，而此番平定南中，我對後人有如下提醒：

▌欲速則不達

我們應該認識到事物發展是有一定規律的，不可能一口氣吃個胖子。有時候事與願違，欲速則不達，這其實就是躁進不忍帶來的問題。

從古代的許多政治事件、軍事事件中躁進不忍的例子，我們可以借鑑不少經驗。

春秋戰國時期，齊國想要討伐燕國，採用了田子的計謀。齊桓公保持二國的往來，禁止守邊的將士搶奪財物，釋放了戰爭中的俘虜，並且還去慰問那些失去家園和遭遇到不幸的百姓。燕國的老百姓覺得齊國君主好，都爭相歸順。如此一來，燕王害怕了，這不是一點一點地侵吞燕國，收攏人心嗎？燕王十分害怕這個計謀，但一時也沒有辦法。這時大臣蘇屬對燕王說：「齊王並不是真的能行仁義的人，肯定是有人為他出謀劃策，他才這麼做。事實上，齊王是個急功近利，而且愛猜疑的人，不可能安心受指教，而齊國的軍隊也是很貪婪的，不可能長期地受禁令和紀律的制約，我們不要著急，使個計謀就能破他這一計。」

於是暗中派人裝扮成齊軍，在途中要挾燕國投降的人，搶占婦女，掠奪燕人的財物，這樣一來，投降齊國的燕人都十分害怕，不敢向齊國前進了。而齊國兵將，實際上早就耐不住性子了，只是害怕國君的禁令，藉著燕人進退不定的時候，派人向齊王進言說：「我們對他們這麼好，而燕人卻背叛我們了。」齊王左等右等不見有更多的燕人來投降，也就相信了兵士們的話，下令全部沒收、拘留降民的家財和家屬。田子怎麼勸他不要這樣做，齊王都不聽，而將士們更因為有上邊的支持，而大肆搶奪，燕國百姓從此也就不想再投到齊國去了。田子的計策功虧一簣。

做事要有序，不能踰越事物的自然發展階段，做官如此，經商也是這樣。

現實之中做什麼事都不是那麼容易的，都要腳踏實地去做，想很快把什麼事情做完又做好的可能性是很小的。所以不能急於求成，急功近利只會使頭腦過熱，辦事毛躁，並且容易產生錯誤。人應該順應事物發展的規律，知道萬丈高樓是要從地基開始打起的道理，要逐漸積累才能在本質上有所突破。

撮土成城：成功需要從每一件小事做起

十萬軍士皆挾包土飛奔城下，我讓所有軍士將土棄於三江城下。一霎時積土成山，接連城上。一聲暗號，十萬大軍紛紛登到城上，不久便拿下了三江城。此戰我用的是積少成多之謀，雖為戰術，但更是做人做事之不變真理：從小處著眼，從點滴積累，終匯成汪洋大海，築成巍峨高山。

在平定南中叛亂的戰役中，有一戰使我久久無法忘記。今憶往事，竟又浮現眼前，恍如昨日。戰役雖小，但我認為其中卻隱含了許多做人做事的道理。

那是在五擒五縱孟獲之後，孟獲依舊不服，我又放其回去。孟獲回其老巢銀坑洞，再思敵我之策。

此時，我已率軍直至三江城下，遙望此城，三面傍江，一面通旱。我即遣趙雲、魏延同領一軍，於旱路攻城。二人抵達城下，城上弓弩齊發，箭頭上沾滿了毒液，有中箭者皮肉皆爛，二將不能取勝。

趙雲、魏延回來報我，說了毒箭之事。於是我自乘小車，到軍前看了虛實，又去撫慰了受箭傷的軍士，見傷處慘不忍睹，遂下令全軍退後數里下寨，再思破敵良策。

我將自己關在營帳之內，滴水不進，粒米未食，苦思攻城之計。良久，不得其解。三江城，三面環水，一面通旱，蠻兵憑此有利地勢，讓我束手無策。

夜已深，伏案靜思，竟不知不覺睡去。在夢中，我竟憶起自己年少潛伏茅廬之時，胸懷大志，要「為中華統一，為社會安定」而努力！我苦讀經、史、子、集、諸子百家，點滴積累，歷盡千辛萬苦才有了今日的成就，志向尚未實現，我又怎能甘心⋯⋯。

激動之時，揮手撫去，一不小心將案上燈火打翻在地，守夜軍士聞聲而至，我也被驚醒。

雖已醒，但不知不覺口中仍唸唸有詞：「點滴積累⋯⋯」遂用筆寫下。

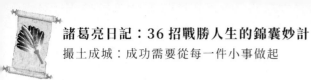
見此四字，我記起那時曹操與馬超相持渭水。由於沒有地形可以憑藉，加上馬超不斷往來衝突，曹操一直立不起營寨。後來他接受謀士建議，命幾萬軍士挖取渭河沙土，利用嚴寒運土潑水，一夜之間竟築起一座土城。

此時，我心中豁然開朗，失聲大叫：「真良策也！」攻城之計已定。

之後一連五日，我令眾將士閉門不出，我料蠻兵定以為我無計可施，心生退意。果然，間諜來報，蠻兵已失警惕之心，夜不哨探。

六日黃昏，我下令，每個軍士撕下一塊衣襟，包土一包，違令者斬。然後又傳令，所有包土，俱在三江城下交割，先到者有賞。初更時分，十萬軍士皆挾包土飛奔城下，我讓所有軍士將土棄於三江城下。一霎時積土成山，接連城上。一聲暗號，十萬大軍紛紛登到城上，不久便拿下了三江城。

此戰我用的是積少成多之謀，雖為戰術，但更是做人做事之不變真理。《管子‧形勢解》中有語：「海不辭水，故能成其大；山不辭土石，故能成其高。」《老子‧道德經》也云：「合抱之木，生於毫末；九層之台，起於累土；千里之行，始於足下。」從小處著眼，從點滴積累，終匯成汪洋大海，築成巍峨高山。

成功需要從每一件小事做起

在常人看來，大人物總是和大事件聯繫在一起，小人物總是和小事件聯繫在一起；有的人一輩子也無法做成一件大事。但是，無論大人物還是小人物，都會和一件又一件必然的小事發生關係，因此說，小事情是人一生中最基本的內容。

大事件可遇而不可求，小事情卻每天都在發生。順利、妥帖而又快樂地去處理一件小事是容易的，但每天都能順利、妥帖而又快樂地去處理一件小事卻是十分困難的。如果一輩子都無怨無悔地，謹慎小心地，愉悅歡快地去處理一件又一件小事，那大概要比做一件大事還要難。

大事能檢驗一個人的智慧、才能和品格，小事亦能。如果每一件小事都做得漂亮、舒心，那你也能得到極大的快樂和對自我的肯定。古人說得好，

小事雖然微不足道，但不做也是無法成功的，那些游手好閒的人，誰會相信他們能取得非凡的成就。

古人還說，忽視小事，專做大事的人，他的成就往往不如做小事的人。這是什麼原因呢？因為小事來得頻繁，辦事所花的時間也多，積累起來數量也就大；而大事來得稀少，積累起來數量也就小。

積累，一件又一件小事地去積累，直到有一天，你會驚訝地發現，自己是一個多麼了不起的人。你並沒有做什麼驚天動地的大事，但你珍惜每一件小事，把每件小事都當成一個新的出發點，當作一件大事來看待，傾注全部的生命和熱情，誰又能懷疑你的偉大呢——偉大的，其實也是平凡的。

每一年積累，不如每季度積累；每季度積累，不如每個月積累；每個月積累，不如每一天積累。

一件事情會影響一個人的聲譽，幾件事情會改變一個人的一生，無數事情會決定一個人的命運。從搬運工到哲學家，從奴隸到將軍，從凡人到偉人，這不是一天、一月、一年就可以達到的，它需要經過長期的努力，長期的追求，長期的積累，長期的磨練才能夠達到。

也許窮人會因為某種機遇而一夜之間成為富翁，腰纏萬貫，但一個搬運工成為一個哲學家，一個凡人成為一名偉人舉世聞名，絕不是某個機遇的緣故。只有不斷地追求，才有不斷的進步；只有不斷地實行，才有不斷的成就；只有不斷地積累，才有不斷的提升。

栽什麼樹苗，結什麼果子；播什麼種子，開什麼花兒。人積累耕耘的經驗就成為農夫，積累砍削的經驗就成為工匠，積累販賣貨物的本領就成為商人。這種積累，既是痛苦的，也是快樂的。

你希望一口吃成個胖子，渴望取得成功就像邁一下腳步那樣簡單。你或許常這樣想：「我真希望自己是個完美無缺的人。假如我有好的天份，是個大智者的話，我就會每天做什麼事情都永遠不會失手，我會馬上把吸菸、賭博的惡習戒除掉。」

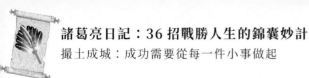
這是幼稚懶漢的成功邏輯。你以為成功者都有與生俱來的特殊天賦，有把事情做得盡善盡美的訣竅。依照這種邏輯，成功者每做一件事情都是輕鬆愉快的，易如反掌的。懶漢們認為，成功者都是無師自通的天才，學了第一課，就能夠一下子成為專家。你這種「馬上如願」的想法，正是導致失敗的大敵。

無疑地，那種希望「馬上如願」的人還是存在的。就像嬰兒，嬰兒都是要求父母立刻滿足他們意願的。他們一想撒尿，不管是在大人懷裡還是睡在床上，立刻就把衣服尿濕、被子尿濕。對嬰兒的這種行為，父母無可指責，並不會對嬰兒提出從發育來說不現實的要求。不幸的是，如果你一生中總保持著這種馬上如願的要求，那麼，你要走向成功是不可能的。

上天就是這樣捉弄人，你越希望立刻如願的，越難以立刻如願。成功，不是直線，而是曲線。成功，是一個緩慢的積累過程，緩慢的學習過程。攀登高峰，需要從腳下第一步開始，沒有一下子就能躍上山頂取得成功的。

▌做平凡人做的事

人生的道路雖然漫長，但在緊要處常常只有幾步。

我們都是平凡人，只要我們抱著一顆平常心，踏實肯做，有水滴石穿的耐力，我們獲得成功的機會，一定不會比那些所謂天賦優異的人少到哪裡去。

肯做肯學的人，必然博學多聞。這樣的人機會總是敲他的門，即使是一位資質平庸的人，也能鯉魚躍上龍門。

人才是磨練出來的，人的生命具有無限的韌性與耐力，只要你始終如一地腳踏實地做下去，無論在什麼樣的處境，都不放鬆自我，不自暴自棄，你便可以創造出令自己和他人都震驚的成就。

「跬步不休，跛鱉千里」，跛腳的鱉也能走到千里之外，因牠總是不懈地向前走；「佛許眾生願，心堅石也穿」，心態堅決可以穿透頑石，足見心力的神奇。

　　凡成就一份功業，都需要付出堅強的心力和耐性，你想坐收漁利，那只能是白日做夢，你想憑僥倖、靠運氣奪取豐收的果實，運氣永遠也不會光顧你。

　　也許你會勤奮地工作，到頭來卻家徒四壁，一事無成。但是，如果你不去勤奮工作，你就肯定不會有香車豪宅，不會有成就。所以，如果你想成功，你就要去研究，要不斷地去研究，要去想辦法。

　　成功的人永遠比一般人做得更多，當一般人放棄的時候，他們總是在尋找如何自我改進的方法，他們總是希望更有活力，產生更大的行動力。

　　你每天吃過量的飯，睡過多的覺，不做運動，不學習，不成長，每天抱怨一些負面的事情，這又哪來的行動力？記住成功永遠不在於你知道了多少，而在於你採取了什麼行動去做。

　　所有的知識必須化為行動，因為只有行動才有力量。

　　你是個凡人，你的生命不是無限的，你不可能放棄自己的一切去聽從別人的想法，由他人操縱你的一生，否則，到一定的時候，你就會悔恨自己，也埋怨他人。與其如此，不如從現在開始就學會由你去計畫自己的生活。

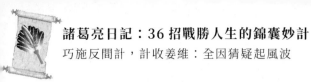

巧施反間計，計收姜維：全因猜疑起風波

反間之計何以能屢屢成功？其根本原因在於這種計謀用了人類重要的本性之一——猜疑。猜疑是一種情感和理智混合的心態，在這種心態之下，人們往往會做出錯誤的判斷和決策，或者是寧願做出錯誤的判斷和決策，即使是聰明的人也不例外。所以，我勸世人警惕猜疑之心，許多事根本不是想像得那樣，一切全因猜疑起風波。

我首次伐魏，勢如破竹，每戰皆輕鬆取勝，大軍直至天水。本以為天水城會唾手可得，不料卻遇到智勇雙全的姜維，此子才高八斗，學富五車，智謀在蜀中除我孔明，難再找敵手。初與其交手，由於輕敵，我竟屢戰屢敗。惱怒之下，真想設計殺之，可又嘆良將難求，與其殺之，不如設計得之，日後好助我一臂之力。

縱觀以往各戰，戰勝多靠「人謀」，而在這些千計百策之中，什麼計用得最多？什麼計又最有成效？那就是反間計。這反間計著實厲害，輕則可以使你敗上一陣，中則可以使你丟左膀右臂，重則可以使你喪身亡國。神將馬超便是我用反間計所得，今姜維我仍欲以反間計得之。

我派間諜對姜維身世明察暗訪，終得知姜維的基本情況。此子自幼好學，博覽群書，兵法武藝無所不通，姜維是個孝子，且有老母在冀城高堂。於是，我吩咐魏延引一軍，虛張聲勢，詐取冀城，我料姜維念母心切，必會捨身救之。

果然，姜維知我要攻打冀城，便求天水守將馬遵去救冀城，他的孝心打動了馬遵，遂撥他三千人馬去保冀城，姜維飛奔前去，趕到冀城。

我命魏延只是虛應幾招，便詐敗而去，不可與其死敵，放他入城。我料他兵少，必不肯貿然出戰，定會死守冀城，至此，我已完成了反間計的鋪設。

接著，我令人去南安，取夏侯楙至帳下。夏侯楙怕我殺他拜伏乞命，我故意告知，姜維現守冀城，曾派人送信於我，只要有夏都督在，他願降。我轉而詢問夏侯楙是否願意前去招安，如果願意前去，我便饒他性命。我知夏

侯楙為了保住性命，定會假意答應，遂叫人給他衣服鞍馬，也不派人跟隨，放他自去。

夏侯楙如脫籠之鳥，出了大寨，便尋路而去，行不遠，遇一夥難民，自稱冀城百姓，說姜維已獻出冀城，歸降於我。由於魏延殺人搶劫，故棄家出走，去投上。後夏侯楙得知守天水城的是馬遵，就投天水而去。

夏侯楙哪知已中我計，途中難民皆是我有意安排，所說之言，皆是我先行告知。我料其見了馬遵，必會如實相告，馬遵也定會相信。

但為了確保反間計萬無一失，我一面加緊攻打冀城，一面讓人扮作姜維模樣，到天水城下挑戰，並說自己被封為上將軍，大罵夏侯楙不顧信義，一個人逃跑了事。由於是夜間，馬遵等人不辨真假，更確信姜維已降。

此時姜維堅守冀城，城中糧少，不夠軍士食用。姜維在城上見我軍大小車輛，搬運糧草，便引三千兵，出城奪糧，奪得糧車剛要回城，被我各路伏兵追殺，姜維抵擋不住，奪路回城。豈料我早已讓魏延占了冀城，姜維單槍匹馬投奔天水，到達天水城下叫門，馬遵以為是姜維前去賺城，遂令城上兵士亂箭射下。

前路不通，後又有兵追趕，姜維遂飛奔上而去。城上梁虔見了，大罵其叛國，想賺他城池，城上又是亂箭射下，姜維有口難辯。無奈之下，撥馬便往長安而去，行不數里，又遇關興擋住去路，姜維人困馬乏，不能抵擋，勒馬便走。

此時，我方從山後轉出，坐在獨輪車上，盡述自己招降姜維的苦衷。姜維十分感動，遂投降於我。從此，姜維一心一意地跟我，我也對他欣賞有加，把平生所學盡數傳他。

反間之計何以能屢屢成功？其根本原因在於這種計謀利用了人類重要的本性之一──猜疑。

猜疑是一種情感和理智混合的心態，在這種心態之下，人們往往會做出錯誤的判斷和決策，或者是寧願做出錯誤的判斷和決策，即使是聰明的人也

不例外。所以，我勸世人警惕猜疑之心，許多事根本不是想像得那樣，一切全因猜疑起風波。

▌猜疑是把雙刃劍

猜疑是人與人之間的一根毒刺，能亂人心智，使人陷入迷惘；混淆敵友，進而破壞自己的事業。猜疑能使君王變得暴戾，使丈夫產生嫉妒之心，使智者陷入困惑之中。猜疑是一把雙刃劍，傷害別人的同時，也傷害到自己。我曾聽過一個較真實的故事：

兩個人結伴橫過沙漠，水喝完了，其中一人中暑不能行動。剩下的那個健康而飢渴的人對同伴說：「你在這裡等著，我去找水。」兩人分手後，一個人充滿信心地去找水了，另一個滿腹狐疑地躺在那裡等候，他看著天空，時間一分一秒地過去，他的恐懼加深，以為同伴找水失敗，中途渴死了，不久又想一定是同伴找到水了，卻棄自己而去。他悲憤地想：「我還有什麼依靠呢？只有等死了，而在臨死前，禿鷹會啄瞎我的眼睛，那時該多麼痛苦，還不如……。」於是他拿刀結束了自己的性命。不久那個提著滿壺清水的同伴領著一對駱駝商旅高興而回，但是他們找到的只是一具屍體。

有猜疑心理的人，由於不相信別人，反而常常使自己陷入困境。

猜疑就是無緣無故地對一些自己並不知道的人或事進行各種設想。猜疑，並讓自己信以為真，雖然在生活中，我們免不了對自己不瞭解的情況產生一些懷疑，但如果對任何事都無端懷疑，而且在沒有根據的情況下，堅定地相信自己的判斷，不相信他人，整天疑神疑鬼，這就是不良心理現象了。

如果你有幸身為領導者，更不能有猜疑之心，否則你就會像馬遵一樣，易失去下屬信任，被別人見縫插針，輕則失人失勢，重則毀譽毀身。

在我看來，懷疑一切與信任一切都是錯誤的，能得乎其中方為正道。

遠離猜疑的人生

猜疑在生活中往往給人很大的危機感，如何解決和處理這種危機，則成為我們需要共同應付的問題。為此，我給出了以下的幾條建議：

一、不能用懷疑的眼光打量一切

猜疑並非出自心靈，而是出自頭腦。有的人多疑，別人相互間講句悄悄話，便疑心他們在講自己；別人心裡不高興，臉色不好看，就疑心是對著自己的；別人無意間說句不滿的話，又疑心是指桑罵槐等等。要知道，這種無端生疑的消極作用很多，既影響人際交往，又影響自己的情緒，有損心理健康，而且還可能引起一系列錯誤行為，輕則傷害了同事、朋友或夫妻的感情，重則為事業、學習和生活帶來嚴重的後果。因此，不能用懷疑的眼光打量一切，多點信任，你就會遠離猜疑。

二、別讓感情矇蔽你的理智

猜疑的根源產生於對事物的缺乏認識，所以多瞭解情況是解除疑心病的有效辦法。要採取用事實說話的方法，逐步消除自己的猜疑心。當你疑心別人在諷刺你、輕視你的時候，不要馬上採取行動，先觀察一下，你的猜疑是否正確。設身處地地去為對方設想一下，看他的言行是否合乎情理。這樣一來，也許你會發現，事情常常和你猜想的不一樣。

三、對自己要有信心

一個人有了充分的自信，就不會時時為疑心所困，別人的態度甚至閒言碎語，就不會使自己過敏，也不會計較。「誰人背後無人說，哪個人前不說人？」幾句議論又算得了什麼呢？在許多情況下，不是別人對你有成見，而是多疑使你產生了別人對你有成見的錯覺。

四、開誠布公，信任別人

通常，人們對自己信得過的人，很少會產生猜疑；反之，越是自己不信任的人，越容易疑神疑鬼，總以為別人在與自己作對。因此，多疑的人應特

別注意與別人直言相告，坦誠相處，有了彼此間的信任，猜疑的基礎就不存在了。

五、在對方的立場考慮問題

其實這個世界上大多數人都是心地善良的，他們是樂於助人的，不要總以為別人都是幸災樂禍者，要相信別人和自己一樣，都有一顆善於同情的心。人心換人心，心誠則靈，真誠地與他人交往就會贏得友誼，就會活得快樂。猜疑很大程度上是因為我們沒有彼此敞開心扉。只有敞開自己的心扉，發揮自己的智慧和力量，彼此才能互相信賴，共同邁進。

六、開闊心胸，自我解脫

多疑的人心胸狹窄，固執己見。因此，必須針對自己性格上的缺陷，加以克服鍛鍊，做到心胸開闊，達觀坦蕩，自我解脫。要達到這個目的，必須經常到郊外遊山玩水，登高望遠，沐浴在大自然的懷抱中。這樣會使自己心胸開闊，生活得輕鬆活潑，充實愉悅，根本無暇去思索那些毫無意義的閒言碎語。久而久之，自己會變得豁達大度、樂觀開朗起來，狹隘多疑的心態也會得以改變。

一出祁山，揮淚斬馬謖：以職定人而不能因人適職

街亭失守，我軍敗歸，最大的責任乃在於我諸葛孔明。我用人不當，乃是此次兵敗的主要原因。馬謖雖精通兵法、學富五車，但無實際經驗，所以他只會照搬書本，以致鑄成大錯。如果那日我不是出於那點私心，我定能對馬謖的能力和所長有一個清醒的認識，倘若我讓趙雲、魏延，甚至王平、關興單獨去守街亭也不致出錯。唉！悔之晚矣！今借此警戒後人：用人須以職定人而不能因人適職。

首次伐魏，自攻下天水、南安、安定三城之後，威聲大震，遠近州郡望風歸降，我整頓兵馬，盡調漢中大軍前出祁山，兵臨渭水之西。接著我又在此大敗曹真，魏軍損兵折將，而我軍士氣大盛，我心暗喜。

曹真敗後向魏主曹睿求援，曹睿遂急令司馬懿起南陽各路兵馬，前往增援。

想那司馬懿乃我之勁敵，此番率兵出關，惡戰不可避免。我料司馬懿詭計多端，必去取我交通要道——街亭，以斷我咽喉之路。

街亭雖小，但對我關係重大，若街亭失守，我大軍皆休矣！我細想軍中之人，卻尚無一人能夠勝任。我只得讓他們主動請纓。我話音未落，參軍馬謖請命願守街亭。我知馬謖滿腹經綸，且深通謀略，此前幾番與敵交戰，馬謖均有好的建議，這令我對其刮目相看，而且使我產生了好好培養他的想法，使其將來能獨當一面。

也許正是這一想法作怪，我遂讓毫無實際作戰經驗的馬謖去守街亭。但我知街亭沒有城池，又無險阻，守之極難，且司馬懿非等閒之輩，又有先鋒張郃，恐馬謖不能敵，於是如實相告。馬謖甘立軍令狀，我遂也不再多言，撥他二萬五千精兵，又派王平助陣。囑他小心謹慎，須當要道之處安營，安營之後畫四至八道地理圖本，派人送予我看。

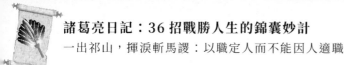

安排完畢，我又恐馬謖、王平有失，又喚過高翔領一萬兵去柳城駐紮，柳城地處街亭東北，如果街亭有險，可引兵救之。

高翔離去後，我轉念又想，高翔絕非張郃對手，必得一員大將，屯兵於街亭之右，於是我又讓魏延率本部兵去街亭之後駐紮，以接應街亭。一切布置完畢，我方覺安心。

俗話說：「人算不如天算。」我自以為可以高枕無憂，王平派人送來的圖本卻讓我震驚，馬謖無知，將導致我軍潰敗。正在此時，探馬來報，街亭到柳城已皆失守，我一瞬間眼裡盡是淚水，傾注了多少心血，付出了多大代價爭到的地盤全毀在馬謖的手裡。我似乎看到了我軍兵敗的慘狀，看到了司馬懿的狂妄，我對天長嘆：「大事去矣，這是我的過錯。」

事已至此，我只得下令大軍收拾行裝，向陽平關退去，令天水、南安、安定三郡官吏軍民，都退入漢中。我嘔心瀝血，含辛茹苦經營的地盤如今拱手讓出，這樣的痛楚讓我終日不得安寧，深感有負先帝對我之厚望，如果當初謹記先帝之言：「馬謖言過其實，不可大用。」今天也不會有此劫難。想起先帝之語，我不禁淚流滿面。

街亭失守，使我軍元氣大傷，對這次兵敗的責任我是無論如何也不能放過的，倒不是個人恩怨，不是我心懷怨恨，實是軍法不可違。

於情，這些年，馬謖與我出生入死，情同兄弟，親如手足，為蜀立下過無數戰功，我又怎麼忍心殺他。

於理，現天下還未平定，就殺智謀之臣，實不可取。然而，軍法難違，如果我不殺他，軍法豈不等同兒戲，今後又如何以法服眾。昔日孫武之所以能戰無不勝，就在於紀律嚴明，現在我軍北伐剛開始，如果廢掉紀律，還怎麼去討賊呢？為大業著想，馬謖非斬不可。

因為用人的失誤，導致街亭失守，造成的結局是一出祁山以失敗而結束，我對自己的失職，主動上書我主劉禪，要求貶我丞相之職，以作懲處。我主准奏，貶我為左將軍，行丞相事，照舊總督兵馬。

自此之後，我承擔了這次失敗的責任，隨後做出深刻的反思：

以職定人而不能因人適職

街亭失守，我軍敗歸，最大的責任乃在於我諸葛孔明。我用人不當，乃是此次兵敗的主要原因。

馬謖雖精通兵法、學富五車，但無實際作戰經驗，所以他只會照搬書本，以致鑄成大錯。如果那日我不是出於那點私心，我定能對馬謖的能力和所長有一個清醒的認識，倘若我讓趙雲、魏延，甚至王平、關興單獨去守街亭也不致出錯。唉！悔之晚矣！今借此警戒後人：用人須以職定人而不能因人適職。

任命之前不能只想到其本人之能，應對其職是否契合予以深究，如此才不致鑄成大錯。

即使為了一個很低的職位的任命，也要盡量在三個素質相當的候選人之間做出挑選，而在挑選之前則要花些時間來考慮該項任務。

職位應是客觀的，職位應根據任務而定，而不應因人而定。假如「因人設事」，組織中任何一個「職位」的變更，都會造成一連串的連鎖反應。組織中的職位都是互相關聯的，牽一髮而動全身，不能為了給某人安插某一個「職位」，而使整個組織中每一個人都受到牽連。因人設事的結果勢必會造成大家都是「人不適職」的現象。

成就的高低應以貢獻和績效的客觀標準來衡量。只有在「職位」的設計和劃分不以「人」為參照時，這種衡量才有可能，否則，就只會注意「誰好誰壞」，而忽略了「什麼好什麼壞」；用人的時候，也只會問「我是否喜歡此人」或「此人是否能用」，而不會問「此人在這一職位，是否最能有所成就」。

因人設事的結果，是會形成恩怨幫派。任何組織都禁不起恩怨幫派爭鬥的內耗。人事的決策，必須保證公平和公正，否則就會擠走有才能的人，或挫傷他們的幹勁。同樣地，組織也需要各方面的人才，否則就會缺乏改變的能力，也難以得到正確決策所需的不同意見。

因此，凡是能組建一流團隊的領導者，對他們最直接的同事及部屬，都不應太親密。提拔人才時應以有能力的人為先，而不能憑一己的好惡；應著眼於所用之人是否有績效，而不在於所用之人是否肯順從己意。因此，為了確保選用適當的人選，領導者與直接的同事及部屬應保持適當的距離。

一個有能力的領導者並非以尋找候選人的短處為出發點。你不可能將績效建立於短處之上，而只能建立於候選人的長處之上。許多求賢若渴的領導者都知道，他們所需要的是勝任的能力。如果有了這種能力，組織總能夠為他們提供其餘的東西，若沒有這種能力，即使提供其餘的東西，也無濟於事。

另外，一位領導者的獨自判斷是毫無價值的，因為我們每個人都會有第一印象，有偏見，有親疏好惡，我們需要傾聽別人的看法。在許多成功的團隊裡，這種廣泛的討論都作為選拔流程中一個正式的步驟。能幹的領導者則非正式地從事這項工作。

如果你沒有做這一步，就不要埋怨你的任命者成績不佳。應該責怪你自己，因為你自己沒盡到一個領導者應盡的責任。

▌做一個領導者，要按規章制度辦事

沒有規矩，不成方圓。制定出來的各種規章制度不能成為虛設。作為領導者，你應當以有效的手段保證其得以貫徹落實，一旦發現有人違規，便加以懲治，絕不手軟。

對違反規章制度的人進行懲罰，必須照章辦事，該罰一定罰，該罰多少即罰多少，來不得半點仁慈和寬厚。這是樹立領導者權威的必要手段，我將這種懲罰原則稱之為「熱爐法則」。

「熱爐法則」，當下屬在工作中違反了規章制度，就像去碰觸一個燒紅的火爐，一定要讓他受到「燙」的處罰。這種處罰的特點在於：

一、立即性

當你一碰到火爐時，立即就會被燙。

二、預先示警性

火爐是燒紅擺在那裡的，你知道碰觸則會被燙。

三、適用於任何人

火爐對人不分貴賤親疏，一律平等。

四、徹底貫徹性

火爐對人絕對「說到做到」，不是嚇唬人的。

除此之外，我認為領導者運用批評、懲罰手段更應富有技巧性。「打一巴掌」很重要，但一定要打得響，打得絕。具體來說，打這一巴掌要做到「穩、準、狠」。

· 要穩

採用強硬手段懲罰一個人，也是要冒風險的。這主要在於，被懲罰者有時有良好的人際關係，有時具有特殊的能力，有舉足輕重的作用，有時有著很硬的後台。

拿這樣的人開刀，就要對其背景多加考慮，慎重行事。懲罰不當終會帶來抵制和報復，因此在動手之前首先應想到後果，能夠拿出應付一切情況發生的可行辦法。

· 要準

批評、懲罰都要直接果斷，直指其弱點，直刺痛處，做到一針見血。

有時某人總是犯同樣的錯誤，或者代表一類人的錯誤，這時的懲罰一定要選準時機，待其犯錯最典型、最明白、最有危害性時方痛下殺手，這時切忌無事生非，不明事實；也切忌小題大作。這樣才會做到讓受罰人口服心服，毫無怨言；也才會真正讓眾人引以為戒。

· 要狠

一旦認準時機，下定決心，便要出手俐落，堅決果斷，毫不容情。切忌猶疑不定，反覆無常，拖沓累贅。

我的經驗是：一旦採取堅決措施，便變得冷酷無情。即使自己心中不忍，但又不得不懲罰某人時，也並不因強烈的內疚而變得猶豫不決。這樣做，也是在向眾人宣示，我的做法是完全正確、適宜的，我對自己的做法毫不後悔，充滿信心，這是最好的選擇。

空城計：做一個從容應變的人

　　要做一個優秀的統帥，一定要做一個從容應變的人，臨危而不亂，從容地面對一切。我以三千兵去對十五萬，此時若棄城而逃，無疑會暴露實情，唯一的辦法是置之死地而後生，抓住司馬懿多疑的特點，以假亂真，以無代有，虛實相間，讓其不戰自退。我深知，這不是一場士兵們的戰爭，而是我和司馬懿之間一場心智和勇氣、膽識和氣魄的鬥爭。

　　馬謖失了街亭，導致我布兵乏術，情急之下，我調集軍隊，準備退回漢中，以作長遠打算。

　　我派僅剩的五千兵馬去西城搬糧草，就在這關鍵之時，司馬懿乘機統領十五萬大軍兵臨城下。我城中兵馬不足三千，以三千去對十五萬，無異於以卵擊石。眾人得知這個消息，無不大驚失色。

　　面對十五萬大軍，面對老奸巨猾的司馬懿，我深知，此時若棄城而逃，無疑會暴露實情，在十五萬大軍面前，必死無疑。唯一的辦法是置之死地而後生，抓住他多疑的特點，以假亂真，以無代有，虛實相間，讓其不戰自退。在我看來，此役已不是一場士兵們的戰爭，而是我和司馬懿之間一場心智和勇氣、膽識和氣魄的鬥爭。只要我能讓其起疑，此役便可取勝。

　　於是，我神情自若地傳令軍士：「將城中所有戰旗盡數放倒，所有兵士堅守城池，凡有擅自出入和大聲喧譁者，定斬不赦！」又命令將四面城門打開，每一城門處派二十軍兵扮作百姓，灑水掃街，裝作若無其事的樣子。

　　安排好後，我頭戴方巾，身披鶴氅，帶兩名小童，持琴登城。邊飲酒，邊撫琴，表現得安然悠閒。我心裡很清楚，憑我對司馬懿的瞭解和先前的幾次交鋒，我深知，我給此人留下了行事素來謹慎的印象，從不冒險，今天我正好可以利用他對我的這種認識，來個死裡逃生。

　　悠揚的琴聲，鎮定自若的神態，城裡井然有序的狀況，讓魏軍先鋒部隊見了甚是困惑，他們不知虛實，便也不敢貿然進城，只得派人策馬回報司馬懿。

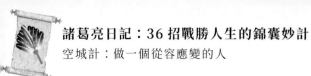

悠揚的琴聲裡聽不出絲毫心慌，我是那樣地深信自己會贏得這場戰爭，我甚至在想後人會怎樣評價於我。明快的琴律像是在嘲諷，又像是在挑釁司馬懿。良久，十五萬大軍竟在城外不敢越雷池半步，最後全部退卻。

我見魏軍遠去，撫鬚一聲長笑，結果盡在意料之中，城中軍士見千鈞一髮之險，在片刻之間化為烏有，不由得驚喜交加。

我含笑對餘悸猶存的兵士們說：「司馬懿深知我謹慎，不曾輕易冒險，而今見我穩坐城中，所以不戰自退。」此乃疑兵之計，萬不得已才能使用，倘若隨便使用此計，一旦被對手識破，必大敗無疑。一個真正的好統帥，無論在多麼危急的情況下，都能憑藉自己的智慧與勇氣，化險為夷。

我深知，要想此計成功，還需要暗設伏兵。我料司馬懿定會退走，而且會選擇小路行軍，遂命關興、張苞二將速去武功山設伏。

果然，司馬懿率軍沿小路撤退，向北退至武功山時，遇上了張苞的伏兵。

先前的空城計已讓司馬懿心生疑惑，此處遇到張苞，更以為是我早已設置好的伏兵，更是對我設計一事深信不疑，故只求生路，不敢戀戰。此時，關興也領一隊人馬從左路殺出，更讓魏軍如驚弓之鳥，絲毫不敢停留，丟掉糧草輜重，沿路向山後逃去。

此一役，我在猝不及防之際，只用了三千人馬大敗司馬懿十五萬大軍，比起赤壁之戰有過之而無不及。事後我在栽培姜維時叮囑他：要做一個優秀的統帥，定要做一個從容應變的人，臨危而不亂，從容地面對一切。

▋做一個從容應變的人

兵書有云：「將者，泰山崩於前而色不變」，就是說，凡是做大事的人，必須有著極好的心理素質，能夠從容面對一切突如其來的打擊和挫折。

處變之時要處變不驚，而危急之時更須方寸不亂。

　　只有在危急關頭，方能考驗一個人的膽識、雅量與鎮定，而膽識、雅量、鎮定是一個人成功的性格基礎。當你面對著泰山壓頂而處變不驚、鎮定自若的時候，你也就擁有了宰相的雅量。

　　人的一生，很多時候是按部就班地從事著自己的事業，並不會有太大的變故，但也會不可避免地遇到危險、緊急的情況。往往在這個時候，一個人如何行事，就能反映出他的為人，他的作風、品行的高低。面對危急關頭，突然發生的意外又該如何面對呢？你可以從下面一則寓言故事中得到啟發。

　　兩隻小青蛙在覓食時，不小心掉進了路邊一個牛奶罐裡，牛奶罐裡還有為數不多的牛奶，但足以讓青蛙體驗到什麼叫滅頂之災。

　　一隻青蛙想：完了，全完了，這麼高的一個牛奶罐啊，我是永遠也出不去了，於是，牠很快就沉了下去。

　　另一隻青蛙在看見同伴沉沒於牛奶中時，並沒有沮喪、放棄；而是不斷告誡自己：「爹娘給了我堅強的意志和發達的肌肉，我一定能夠跳出去。」牠無時無刻都在鼓起勇氣，鼓足力量，一次又一次奮起、跳躍——生命的力量與美展現在牠每一次搏擊與奮鬥裡。

　　不知過了多久，牠突然發現腳下黏稠的牛奶變得堅實起來。原來，它的反覆踐踏和跳動，已經把液狀的牛奶變成了一塊奶酪！不懈地奮鬥和掙扎終於換來了自由的那一刻，牠從牛奶罐裡輕盈地跳了出去。

　　遇到災難，通權達變，頹勢也能轉化為優勢，就像從牛奶罐裡跳出來的那一隻青蛙。而那一隻沉沒的青蛙就永遠地留在了那塊奶酪裡，牠做夢都想不到能有機會逃出險境。

　　戰場上要沉著鎮定，才能取勝，日常生活中同樣如此。危急情況發生時，因為人們大多數沒有心理準備，所以通常會表現出一定程度的吃驚、恐慌，就像故事中那隻沉沒的青蛙。面對危急，先要沉著、鎮定、果敢，不為危難所嚇倒，而後才有走出危急的機會。

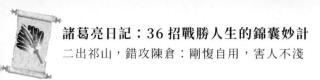

二出祁山，錯攻陳倉：剛愎自用，害人不淺

　　二出祁山，錯攻陳倉，是我之過。我剛愎自用，不但錯過了對敵良機，而且斷送了眾多將士的性命，如今回想起來心痛不已。剛愎自用真是害人不淺。

　　一出祁山敗歸，自那以後，我便把敗兵的責任承擔下來，隨後我訓練兵馬，鼓勵士氣，提倡生產，屬行節約。全體將士深受感動，都把一出祁山的失敗看作是自己的事情，鼓足了勁準備將來為國立功，報效朝廷。

　　進軍伐魏，須有軍事實力作為基礎，還須等待合適的時機。

　　在等待中過了許久，我軍已是兵強馬壯，糧草充足，伐魏所用之物一切完備。萬事俱備，只欠東風。一日，我主劉禪遣人送來吳書，看罷，心中大喜，東風已來矣！

　　原來吳主孫權讓鄱陽太守周魴詐降，以誘魏軍深入重地，伏兵擊之。果然，魏軍中計，曹休領軍逕取陽城，司馬懿率兵進取江陵。曹休進兵到皖城外石亭，遇吳將陸遜伏擊，大敗而回。司馬懿聽說曹休大敗，無心再攻江陵，遂也引軍退回洛陽。曹休敗歸，氣鬱成疾，回到洛陽，不久就病死。吳主孫權遂修書一封於我主劉禪，希望我主在魏軍大敗、喪膽之時出兵伐魏。

　　如此良機，我又怎能錯過。看罷吳書，即設宴大會諸將，計議出師。想到此，我就很是傷心，因為正欲伐魏之時，傳來噩耗，鎮南將軍趙雲病逝。子龍身故，國家損一棟梁，我失一臂也！子龍一生忠肝義膽，立戰功無數，與我志向相同，今志未實現而身先死，我知子龍心必不甘。子龍未完成的心願，我當竭力完成，以慰亡靈，遂作《出師表》差楊儀送於我主，表明心跡。我主見表知我心意，遂令我即日出師。

　　我受命起三十萬精兵，令魏延總督前部先鋒，直奔陳倉而去。

想那司馬懿真是知我心意，我與他若不是對手，定能成為知己，若同心輔佐我主，則國家統一之期不遠矣！可惜天不從人願……。

司馬懿料我必攻陳倉，遂使太原人郝昭鎮守陳倉道口。郝昭此人身長九尺，猿臂善射，深有謀略，是我攻取陳倉之大敵也！

我軍前隊抵達陳倉城下，見陳倉城牆高大，深溝高壘，遍排鹿角，內又有郝昭把守，眾將遂向我建議：不如棄了陳倉，繞太白山嶺鳥道出祁山。我知陳倉正北乃是街亭，一出祁山，街亭失守，我一直耿耿於懷，今必得此城方可進兵。何況小小陳倉城，又怎能抵擋我三十萬大軍；而郝昭之智，又怎能比我孔明？取陳倉勢在必行。

我命魏延領兵，從四面攻打陳倉。連戰數日不能破，魏延無奈，回報我說陳倉實難攻取。我聞言大怒，欲斬魏延，後諸將求情才就此作罷。

正無奈之際，參軍靳詳告訴我，他與陳倉太守郝昭是同鄉，自幼相交甚厚，他自去向郝昭陳述利害，我大喜，遂命他速去。

不料，郝昭忠義之士也，不聽遊說，誓死不降，我雖心中憤恨，但也暗服其忠義之節，遂命靳詳再去勸降，郝昭大怒，與靳詳斷絕一切情義，若再去遊說，定以箭射他。

郝昭擋我去路，陳倉之城只有三千兵馬，我料久攻必下，於是令兵士搭起雲梯，一齊攻城。郝昭在城樓上，即令三千兵各執火箭，一齊射下，雲梯均被點著，衝鋒兵士多被燒死，城上又打下石塊，我軍只好後退。

久攻不下，我心甚急，連夜安排「衝車」次日再攻。次日交戰，郝昭又命運石鑿眼，用葛繩穿定飛打，衝車皆被打折。我又命兵士運土埋填城壕，教廖化引兵三千，連夜掘道地，準備從暗道入城，郝昭又在城裡橫挖一條深溝截住我軍。

如此晝夜攻打了二十餘天，陳倉仍未攻下。我與眾將在帳中商議對策，忽哨馬來報，說曹真派先鋒王雙來助陳倉，我怕郝昭率兵衝出，夾擊我軍，便讓大軍退後二十里下寨。

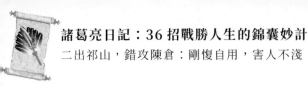

　　陳倉之城易守難攻，此後，我再也沒有攻過此城。我軍與魏軍交戰，互有勝負，但我軍敗少勝多，我與姜維設詐降之計斬殺了費曜，將計就計大敗了魏軍，隨後又設計讓魏延出其不意殺了王雙。終因糧草不足，只得退回漢中，休養生息，再覓良機。

　　二出祁山，我未聽諸將之言，剛愎自用錯攻陳倉，終因無功而返，且送了眾多將士性命，我心中愧疚。此一役在我心中留下深深的烙印，讓我隨時提醒自己：一意孤行必陷入困境，兼容並蓄才是為人、為帥的道理。

▌剛愎自用，害人不淺

　　二出祁山，錯攻陳倉，是我之過，我剛愎自用，不但錯過了對敵良機，而且斷送了眾多將士的性命，如今回想起來心痛不已。剛愎自用真是害人不淺。

　　從近處來說，剛愎會限制一個人的發展；從遠處來說，剛愎會斷送一個人的前程。俗話說：「聽人勸，得一半。」意思是多多地聽取別人的意見，就能減少自己的失誤，事業有成。

　　任何人都不可能做到全知全能，孔子說：「三人行，必有我師焉。」他人的意見，對自己的認識會是一個重要的補充或修正，只要盡量聽取別人的意見，那麼，即便他是個很固執的人，也不會走上歧途，或不會在歧途上越走越遠。因為當局者迷，旁觀者清。他自己不知道，但別人會及時提醒他：你的目標錯了，會導致錯誤的結果。這時候，如果不接受別人的建議，一意孤行，那麼錯誤就將不可挽救。

　　無論做人還是做事，都要謹記「虛心使人進步，驕傲使人落後」的原則，要明白世上萬事萬物都處在不斷的發展變化之中，只有根據事物的發展變化，及時調整自己的計畫策略，才能處處掌握主動權，使自己立於不敗之地。

　　而剛愎者則恰恰相反，他們最大的缺點就是常常自以為是，認為自己的判斷是完美無缺的，因而常常表現得驕橫跋扈，一意孤行，他們往往過高估計自己的能力，總是低估對手，這樣就容易被表面的假象所矇蔽，導致判斷

失誤，遭到失敗。此點讓我孔明覺得臉紅，而細想起來，歷史上早有剛愎自用導致失敗的事例。

魏國進攻趙國，趙國向齊國求救。第二年，田忌和孫臏出兵援趙，孫臏採用不直接去救趙，而是去攻打魏國，採用「圍魏救趙」的戰術。龐涓被迫放棄攻趙，趕回應戰，孫臏認為魏軍素來剽悍勇猛，輕視齊軍，決定利用他們的這種剛愎心理，誘敵取勝。於是齊軍假裝怯場，向後退卻，並採取逐日減灶的辦法，迷惑敵人。

龐涓追擊齊軍，到齊軍紮過營的地方，發現三天中齊軍的爐灶減少了大半，他認為齊軍已逃亡過半，非常高興。孫臏估計龐涓晚上會到達馬陵這個地方，於是在這裡設下埋伏，在路邊的樹上寫上了「龐涓死於此樹之下」八個字，命令伏兵看到火光就一齊放箭出擊。龐涓果然在晚上進入馬陵道，他們看到樹上有字，就舉火觀看，還沒看完，齊軍已萬弩齊發，箭如雨下，結果，龐涓被迫自殺，十萬魏軍全部被殲滅，齊軍大獲全勝。這就是著名的「馬陵之戰」。龐涓的剛愎自用導致了他的死亡。

由此可見，剛愎自用真的害人不淺，不但使人聽不進他人正確的意見，在錯誤的路上越走越遠，而且使人盲目自大，常常會落入深淵。

▌走出剛愎的陰影

剛愎在某種程度上，跟堅忍不拔、執著勇敢有相似之處，所以我們應該仔細區分：哪種是剛愎，是應該消除的；哪種是執著，是應該發揚的。執著有利於成功，但是執著需要正確的成功觀念引導。只有在正確的成功觀念引導之下，一個人的執著才是積極的、有意義的。只要控制了剛愎，把剛愎引導到一個正確的方向上，朝著這個正確的方向鍥而不捨，奮勇向前，你就能取得很大的成功。

如果有人能夠以清醒的頭腦、智慧的明眸，把執著用到正確的地方，那麼，這種執著不但無害，反而可以帶來意想不到的好處！因為，如果你對一個正確的目標執著不放，而且有著不達目的誓不罷休的恆心的話，那麼這種

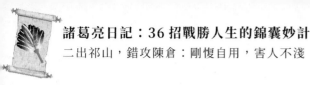
執著不但不會將你引入歧途，反而會讓你走向成功。而對於剛愎，我們應該合理地加以改造，把它引導到一個正確的方向上，在正確的方向之下，剛愎會成為一種執著。

總之，剛愎是一種自我封閉的心理特點，我們應該予以消除。下面介紹幾種消除的方法：

一、虛榮心不要太強，應盡量聽取別人的意見

俗話說：「良藥苦口利於病，忠言逆耳利於行。」要常常告訴自己：不能事事由自己，也要考慮別人。一個人的才能畢竟是有限的，如果我們能虛心地聽一聽別人的意見，學習尊重別人的意見，肯定會對自己的認識有所補充和幫助。

對於剛愎者來說，要盡量去瞭解別人的想法，特別是要瞭解與自己不同社會地位的人的觀點，這是克服剛愎的最好辦法。如果你覺得別人似乎缺乏理智、蠻橫無理、令人厭惡的話，你就得提醒自己：在他們的眼中，你或許也是如此。

二、不要輕易否定別人的看法

要理解別人，體貼別人。如果能夠做到理解別人、體貼別人，那麼就能少一分盲目。要善於發現別人見解的獨到之處，只有這樣，才能多角度地看問題。如果截然不同的意見會使你大動肝火，這就表明你的理智已失去了控制。假如有人堅持認為二加二等於五，你根本不會發怒，只是對他的無知感到啞然失笑。只有那些雙方都沒有令人信服的證據的事情，爭論才會最激烈。因此，無論何時都要注意，別聽到不同的觀點就怒不可遏。透過細心觀察，你會發覺也許錯誤在你這一邊，你的觀點不一定都與事實相符。

三、擴大視野，可以避免剛愎

盡量去經歷、去體驗各種不同的人生。只有在經歷了各種不同的人生之後，一個人才不會迷失在一個目標裡，也才能選擇一個正確的目標去奮鬥。只有開闊了眼界，才不致於侷限在一個觀念中，才會接受別人有益的建議。另外還要不斷地豐富知識，增長見識，這樣才不會固執己見。因為這時才會

知道，自己的想法只不過是千千萬萬個人的所思所想中的一個，一個人對問題的看法總是避免不了侷限性的，因而有時是會出現偏見的。

四、要有平等、民主的精神

平等、民主精神的形成，前提條件是人必須要有一種寬容的心態。只有互相寬容，才能做到彼此間的平等和民主。而在平等、民主的氣氛之下，剛愎是很難存在的。別人怎麼做，總有別人的道理，只要不違法，應該要其允許存在。只有有了這種寬容的心態，你才能與人平等相處，才能和人有一個良好的合作關係。這種良好的合作關係，是能夠幫助你取得事業成功的。

五、克服自己的心理定勢，消除剛愎

要經常告誡自己：不要完全地、無條件地相信自己的第一直覺，第一直覺畢竟是不全面的。同時還要克服自己的刻板態度，學得態度靈活一點。只有這樣，在時間、地點、人物發生變化的時候，才不會死抱著原有的看法不變。在生活中，如果都能摒棄盲目剛愎心理，善於傾聽、接受別人的意見和建議，那麼，我們就能避免失敗和挫折，實現我們的目的，獲得事業的成功。

六、確立正確的人生價值觀

確立正確的人生價值觀，你才不會剛愎。因為目標越是曖昧不明，越容易自以為是，自己總是以自己的方法去證明自己是對的，結果，反而適得其反。沒有正確的人生價值觀，就容易隨波逐流，為了向別人看齊也跟著放棄己見。

七、正確看待他人

只有正確看待別人，才不會因為別人某時某地一時的表現而對他持不全面的看法。要增加自己的耐性，以開闊的心胸包容所有事物，多與不同個性、喜好的人接觸，學習接受他人的長處，不要一味地堅持自己固有的觀念，寸有所長，尺有所短，取長補短，方能完善自己的人生。不要總是要求別人按照你的意見去做，對於善意的批評，要有接受的勇氣，利用別人的批評，反省一下自己的所作所為，對於有益的建議更要虛心接受。

八、要多做調查研究

人類致命的弱點，就是容易犯自以為是的毛病。透過觀察就能解決的事情，也要親自做一番調查研究，這樣就能輕易地避免剛愎。

控制剛愎和盲目之後，你就能成為一個會接受別人意見的人，一個充滿活力的人，一個有著生命激情的人，一個有事業前途的人。

三出祁山，「圍魏救趙」：讓下屬主動地去工作

我讓諸將自願請戰，是為引發他們的求勝欲望，自動自發，更好地完成任務。領導者一定要記住，讓下屬做自己喜歡的工作，讓工作成為他們的自動自發，再給予適當的獎勵，那麼下屬的幹勁必會直衝九霄雲外。

三出祁山，因魏軍堅守不出，如此相持半月，毫無結果，時間越往後推移，我越擔心糧草不濟，這對我軍是非常不利的，於是我決定以退為進，令各處皆撥寨而起，全軍撤退。

我軍的舉動沒能逃過魏軍探子的眼睛，我也是存心明目張膽，毫不設防地撤退，好讓其探子發現替我傳話，暗中助我計謀得以成功。我深信張郃絕不會見我軍退去而坐視不見，以他秉性，必會出兵，趁勢襲擊我軍，只要他出兵，我計謀可成！我深信，這一役會以我軍取勝而結束，只要斬了張郃，此次出兵，功可成也！

我一面撤軍，一面命探子密切關注魏軍動靜。果然，在退軍九十里時，探子回報魏兵追來，半路而歇。當晚，我喚眾將商議，講明利害關係：魏軍追來，必然死戰，眾人必須以一當十，英勇奮戰。我欲在魏兵之後設下埋伏，非智勇之將，不可當此重任。

此次我沒有點將，而是要求他們自願請戰，如此，才能提升其殺敵的銳氣和氣勢。

王平首先挺身而出，表明願當此重任，如有失，甘當軍令。我先表揚一番王平的忠誠和捨身忘死的精神，鼓勵各將以此為榜樣，順便又說，雖有王平，無奈魏軍兵分兩支前後而來，斷我伏兵在中，王平只能擋一頭，須再有一將同去，難道軍中再無捨死當先之人，我用激將法刺激眾將領。

話剛說完，張翼已挺身而出。

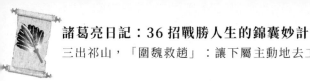

於是，我令張翼與王平各引一萬精兵伏於山谷之中，等魏兵過後，從後搶殺，我料準司馬懿會隨後而來，我囑張翼、王平待司馬懿到來後，分兵兩頭與魏軍死戰。為安其心，我說會有妙計助他們一臂之力，取勝不會有什麼妨礙，隨後，我又交給姜維、廖化一個錦囊內書：若司馬懿領兵前來圍王平、張翼，你二人可分兵兩支，徑襲司馬懿之營，其必急退，你們可乘亂攻之，營號必得，可獲全勝。

我吩咐他們二人各引三千精兵，偃旗息鼓，伏於前山之上。見魏軍圍住王平、張翼，不必去救，危急時看錦囊，依計而施，自會破之。我又囑咐吳班、吳懿、馬忠、張嶷四將，與魏兵相遇時，不可硬拚，要且戰且退。等到關興引兵掠陣，便回軍赴殺。

我又命關興引五千精兵，伏於山谷之中，只要看山上紅旗揮動，即引兵殺出。

張郃、戴陵真是勇猛，手下敗將卻是毫無懼意，他們來勢驟如風雨。馬忠、張嶷、吳懿、吳班依計，出馬交鋒，且戰且退。

我深知，六月炎熱的天氣，讓人緊跑二十餘里，會汗如潑水，五十里，更會勞累不堪，我以馬忠四將做誘餌，引張郃、戴陵上勾，然後令關興等以逸待勞。馬忠等四將引兵殺回，王平、張翼領軍截斷魏軍後路，來個甕中捉鱉。

但是，我料張郃、戴陵只是前隊人馬，後面還有司馬懿帶兵壓陣，我猜想司馬懿定會將王平、張翼困在核心。解此危機，非用「圍魏救趙」之計不可。

我料，司馬懿為防中我之計，沿途會不斷地令人傳報營寨的安危。我命姜維、廖化引兵去攻營寨，並非本意，是為解王平、張翼之圍。司馬懿聞知營寨遭襲，定會引兵支援，到時，王平、張翼便能趁機扭轉頹勢，司馬懿的來而又去，定會影響張郃、戴陵的作戰心態，使其不敢戀戰，只能沿小路敗退。

此役，我軍大獲全勝，戰後，我把姜維叫到身邊：告誡他，一個真正的領導，應善於激發下屬的幹勁，讓其自動自發地完成任務；凡事要善於變通，

不一定非要正面取之，迂迴行事，往往能取得最好的效果。此役，我以自己的經驗為姜維總結了以下二點：

▌讓下屬主動地去工作

此役中我讓諸將自願請戰，是為引發他們的工作欲望，自動自發，更好地完成任務。

何為工作欲望？很明顯，就是我們常說的幹勁。

關於幹勁，有二種不同的說法：

一是，部下原來不具有幹勁，即工作欲望，要使部下擁有幹勁，必須由領導者從外部向他注入。

二是，部下原本具有幹勁，要激發屬下的幹勁，只要由領導者將其引出即可。

相比之下，第二種說法我更為贊同。

由此，讓我想起一個有趣的故事，或許透過故事你會更深刻地瞭解。

一個老農辛勞了一輩子，臨終前他不希望自己的兒子懶惰下去，於是想了個主意，告訴他：「我在葡萄園裡埋下了一堆元寶，足夠你過下半輩子，自己去找吧！」老農死後，他懶惰的兒子一反往常，竟拿起了工具，挖遍了整個葡萄園，但終究也沒找到元寶。倒是葡萄因為翻了土而長勢很好，獲得了大豐收。

不難看出這是一個睿智的老農，他用自己的智慧激發出了懶惰兒子勞動的積極性。而要做一位優秀的領導者，也應像睿智的老農一樣，懂得如何引出下屬的幹勁，讓他們自動自發地工作。

對於此，我有如下幾點建議：

一、為部下創造成功的機會

你必須讓下屬做成幾件事，讓他樹立信心，感覺到自己也很重要，自己能辦好很多事情，這是激發下屬去主動辦好一件事的有效方法之一。

二、適當獎勵

下屬辦成事後，你要注意給予一定獎勵，使其認識到辦好事情是有利可圖的，是可以得到主管賞識的，在這種利益的刺激之下，他們必然會盡力爭取下一次的成功。但獎勵要適當，不可讓下屬養成居功自傲的壞毛病，取得一點成功就把尾巴翹上天，這與激發幹勁是背道而馳的。

三、安排下屬到他最適合的職位上

一個人只有在做自己願意做的事時，幹勁最大、勁頭最足、態度最認真、效率也最高。因此激發他們對自己工作的興趣，做自己喜愛的工作，是激發工作欲望的重要條件。

因此，領導者一定要記住，讓下屬做自己喜歡的工作，讓工作成為他們的自動自發，再給予適當的獎勵，那麼下屬的幹勁必會直衝九霄雲外，為團隊帶來不斷的利益。

為人處世講究迂迴之術

為人處世切忌直來直往，這就猶如與敵交戰，試想如果與敵交戰，敵方堅守不出，而我軍糧草殆盡，仍一味地面對強敵，其結果只能是兵敗。如果此時迂迴作戰，以退為進，或許還有大敗敵軍的希望。因此，我認為為人處世懂得迂迴之術，是人生的一大智慧。

漢惠帝時，平原君朱建為人剛直敢言，智慧超群。深受呂太后寵愛的辟陽侯欲與朱建結交，朱建卻一直拒絕接受。後來朱建的母親去世了，因為家境貧窮，朱建沒法發喪。辟陽侯藉機送了一百兩黃金給朱健，其他官員則看在辟陽侯的面子上，紛紛仿效贈送財物給他，朱建這才將母親安然入葬。

　　過了幾年，有人揭發了辟陽侯的隱情，惠帝龍顏大怒，不僅罷了他的官，還要將他處死。呂太后雖然向著辟陽侯，但一時卻無理由為他說情。

　　辟陽侯派人去找朱建，想見他一面，讓他為自己想想辦法。可是朱建回答說：「他犯了死罪，我不敢見他。」實際上朱建在暗地裡為辟陽侯想辦法。他找到惠帝的寵臣閎孺，勸說道：「你最得皇帝寵幸，這件事天下人都知道的。現在辟陽侯被罷官，人們都認為是你在皇帝面前說的壞話。如果辟陽侯被處死，呂太后一定會遷怒於你，並且設法殺害你。若你這樣等死，不如脫上衣，裸露身子去為辟陽侯求情，皇帝定會聽從你的意見放了辟陽侯。到那時，太后也一定會非常感謝你。此後你就會得到二個人的寵幸，你的富貴就會成倍增加。」

　　閎孺聽說這話，心裡十分矛盾，終於禁不住惶恐，按朱建的計策去向皇帝求情，皇帝果真放了辟陽侯。

　　為人處世講究迂迴之術，實乃一大智慧。特別是在與強勁的對手交鋒時，迂迴的手段高明、精妙與否，往往是能否變被動為主動的關鍵。值得注意的是，實行「迂迴」之術，一定要把握好事物變化的規律，掌握好切入的時機。

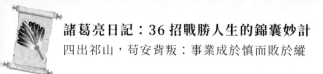
四出祁山，苟安背叛：事業成於慎而敗於縱

蟻穴雖小，卻能潰千里之堤。回想自己，明知苟安犯錯，卻輕罰了事；明知苟安心懷恨意，卻不提防，終犯了「疏忽」之錯，恰如「臨渴掘井」之人，平時不做充分準備，到事情發生之時為時已晚矣！為此我深刻體會到：事業成於慎而敗於縱，切忌疏忽大意。

三出祁山未果，因自己身體欠佳，只得在局勢大好的情形下班師，我自回成都養病。經過一段時間的調整，我病痊癒，每日操練兵馬，習學八陣之法，欲近時再取中原。

一日，探子來報，說魏軍入侵漢中，我夜觀天象，料定不日便有大雨將至，便令張嶷、王平引一千兵去守陳倉古道。等待魏兵因受雨之害而退時，我再突襲之，並傳令預備乾柴草料細糧，俱夠一月人馬支用，以防秋雨。

果不其然，未及半月，天降大雨，淋漓不止，連降十日有餘，魏軍人無穀糧、馬無草料，死者無數。我料魏主必下詔令曹真、司馬懿退兵，果然，王平令人來報，說魏兵已退，我繼又傳令王平：「不可追襲，我自有破敵之策。」

我令魏延、張嶷、杜瓊、陳式出箕谷，馬岱、王平、張冀、馬忠出斜谷，到祁山會合。我自提大軍，令關興、廖化為先鋒，隨後進發。

我對魏延和陳式非常瞭解，此二人平常就有反意，對我用兵布陣常常不服，要不是因為他們的勇猛，我也不會予以重任。此次令他們前往，定會輕敵，必遭慘敗，為此，在行軍途中我又令鄧芝前往傳達我的提醒，結果仍不能避免他們遭到慘敗的結局，為此，我特囑鄧芝，再到箕谷撫慰二將，以防生出其他變故。

在箕谷，陳式、魏延受挫更讓我相信，斜谷也定有魏兵把守，正面進軍顯然不行，唯一的辦法是晝伏夜行，從山僻處翻山越嶺，包抄祁山左、右兩側。我再領軍從谷中正面進攻，這樣兵分三路，方能大敗魏軍。

一切如我所願，斜谷之戰大敗曹真，使得曹真甚是惶恐，氣急成病，臥床不起。我剛犒賞完大軍，魏延、陳式、杜瓊、張嶷入帳請罪，我追問兵敗箕谷的原由，得知陳式、魏延擅做主張，遂將陳式推出斬首，以示諸將，此時我強忍心中之火，留下魏延小命，是因日後還有用他之處。

一日，我得知曹真臥病不起的消息，知他此次難逃一死，當然還須我略施點小計，雖然這招有點損，落井下石，但這就是戰場，不是你死就是我亡。

我抓住這個千載難逢的機會，給曹真寫了一封書信，大意是：先講為將帥必須具備的才能，接著諷刺曹真上不知天文，下不知地理，屢次兵敗，倉惶逃竄；信的結尾又說：蜀軍兵強馬壯，很快就要踏平秦川，掃蕩魏國了！

我命秦良的降兵去交與曹真，我深信，曹真看罷書信，必氣死無疑。我的猜測由司馬懿投來戰書得到了驗證，這次二軍對壘，以魏兵大敗而退守渭濱南岸告終。

我收得勝之兵回到祁山時，永安城李嚴派都尉苟安解送糧草到軍中交割。苟安好酒，在路上耽擱了十日，按照軍令，三日便要斬，我一怒之下，便喝令推出斬之。

此時，楊儀勸我說苟安是李嚴的人，且錢糧多出於西川，若殺此人，日後恐無人送糧。我想此話也不無道理，於是只讓軍士責打了八十軍棍了事。

沒想到我的婦人之仁，導致了我此次四出祁山的失敗。

苟安被罰後，心懷恨意，竟連夜帶幾個部隨，投奔魏寨，更為可恨的是，苟安為讓司馬懿信其投靠的誠意，竟回漢中向我主劉禪進獻讒言，說我諸葛亮有謀反之心。對苟安的疏忽，換回了後主招我回朝的旨意。我思來想去，如不回，是欺主，若奉命而退，日後再難覓此良機。為表我忠主之心，我痛而退去，為防退兵時遭司馬懿的攻擊，我密授姜維，分五路而退；每日退營：

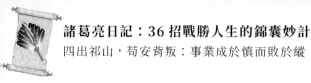
今日假如營內兵一千，卻掘二千灶，明日掘三千灶，後日掘四千灶，每日退軍，添灶而行。

我料司馬懿必疑我有詐，不敢派兵追擊，事實再一次證明了我的猜測，等到探子告知司馬懿實情之時，我軍早已退回漢中。事後，我對這次出祁山，在大好局勢下無功而返，作了深深的檢討，我忽略了蟻穴雖小，卻能潰千里之堤的教訓，我更體會到，讒言的危害。

▌事業成於慎而敗於縱

古人云：「世上的事情都有一個恰到好處的分寸。因此，有一分謹慎就有一分收穫，有一分疏忽就有一分丟失。十分謹慎就完全成功；完全疏忽就會徹底失敗。」可見，做事只在講究一個謹慎用心。

許多人在做事時，一開始比較謹慎，過了不久就鬆懈下來；有的人對大事、難事比較謹慎，對小事、容易事就疏忽。生活中不是常常有因忽略小事而釀成大禍的慘痛教訓嗎？到了困難的事情面前一籌莫展，還不是在容易事前疏忽而導致的嗎？因此，如果不想失敗，就要十分謹慎。

俗話說：「行百里者半九十。」就是指事物進展到尾聲時切勿疏忽大意，以防前功盡棄。歷史上就有此反面的教訓。

戰國時，秦國國富民強，氣勢最盛。秦武王以為從此可高枕無憂，便以驕色示人。一謀士見勢不妙，便進言提醒武王道：「詩曰，『行百里者半九十』，指的是把持到最後關頭的困難。今天的霸業是否能成，還得看各方諸侯是否出力，然而大王現在就沾沾自喜，以驕色見人，而忽視圖霸的準備，若讓他國知道了，受諸侯攻擊的恐怕非楚而是秦了。」

秦武王雖精於政治，其霸業也只維繫了短短的四年，可見他沒有聽進謀士的忠言。

我之所以說這一些，完全是有感而發，四出祁山，苟安背叛，出兵徒勞，是因我不能隨時謹慎，忽略了「蟻穴雖小，卻能潰千里之堤」的至理名言。

聖人老子在《道德經》中也曾說過：「圖難於其易，為大於其細。天下難事，必作於易；天下大事，必作於細。」這段話著重說明了處理任何事務都是從容易到困難，從微小到龐大的規律，而這些教導到今天已演變為「防微杜漸」的格言。

回想自己，明知苟安犯錯，卻輕罰了事；明知苟安心懷恨意，卻不提防，終犯了「疏忽」之錯，恰如「臨渴掘井」之人，平時不做充分準備，到事情發生之時為時已晚矣！由此我深刻體會到：事業成於慎而敗於縱，切忌疏忽大意。

▌讒言害人不淺

讒言之所以能夠流行，是因為有這樣兩個條件：一個是聽，一個是說。不能忍聽讒言的人，往往會輕信讒言，這是因為心虛的緣故。不能忍說讒言的人，往往有二個層次，一種人是專門製造讒言去攻擊他人，以達到不可告人的目的，這種人很陰險，好藏在暗處攻擊別人。另一種人喜歡傳播讒言，出於好奇或是想告訴別人他知道的東西比旁人多。因此，一定要藉機大肆渲染一番。無論如何，讒言不忍後果是會相當嚴重的，因此我們一定要忍住不去聽信讒言。在隆中之時，曾有禪師說禪。那日，禪師說的便是讒言，內容如下：

有一對夫婦，在住處的附近開了一家飯店，家裡有一個漂亮的女兒。無意間，夫婦倆發現女兒的肚子無緣無故地大起來。這種見不得人的事，使得她的父母震怒異常！在父母的一再逼問下，她終於吞吞吐吐地說出「無悔」兩字。

她的父母怒不可遏地去找無悔理論，但這位大師不置可否，只若無其事地答道：「就是這樣嗎？」孩子生下來後，就被送給無悔。此時，面對眾人的冷嘲熱諷，他總是處之泰然，彷彿是受託撫養別人的孩子一般。

事隔一年後，這位沒有結婚的媽媽，終於不忍心再欺瞞下去了。她老老實實地向父母吐露真情：孩子的生父是在魚市工作的一名青年。

讒言不會自來，都是因猜忌而來；離間不能自入，都是乘隙而入。所以說信而不疑，不聽讒言。對讒言加以抵制，不輕信、不傳播，這是忍住讒言最好的方法。

而此番四出祁山，在大好的形勢下無功而返，最主要的原因乃是我主劉禪聽信小人苟安讒言。由此看來，我主劉禪是不懂以上這番道理的啊！

五出祁山，兵勝誠信：誠實守信是成大事必備的要素

在生死關頭，我軍八萬人中，有四萬人服役期滿，將由新兵接替，正整裝待返故里。相比之下，魏軍有三十餘萬，兵力眾多，連營數里，眾將都為此感到憂慮，此刻，我嚴重的意識到軍心的重要性，我也深刻地體會到做一個讓人信服的領導者，勢必要做到：言必行，行必果，這樣才能取信於自己的下屬。

四出祁山，因小人讒言，無功而返。蜀漢建興九年，我再次出師伐魏。魏明帝曹睿親臨長安指揮戰鬥，這是對軍士們最大的鼓舞，我不敢輕敵，兵至祁山，便命安營紮寨。兵法有云：「兵馬未動，糧草先行。」這足以看出糧草對行軍打仗的重要性，可此次，李嚴的糧草遲遲未到，唯一的辦法只能自救，我猜想麥子應已成熟，我軍可祕密收割。

於是，我留王平、張嶷、吳班、吳懿守祁山營寨，親率姜維、魏延諸將，前往鹵城。鹵城太守久仰我諸葛亮大名，見我親臨，慌忙開城出迎，從太守嘴裡我探知隴上麥子已熟，便留張冀、馬忠守鹵城，自引軍往隴上而去。

沒曾想，前軍回報，司馬懿引兵在此，我心中暗暗吃驚，司馬懿確非等閒之輩，但對此我早有打算。我命人推出三輛裝飾相同的四輪車，跟我乘坐的那輛一般模樣。這三輛車是我在蜀中預先造下的，為在必要時使用。接著，我命姜維、馬岱、魏延裝扮成我的模樣，各差一千軍護車，隨後五百軍擂鼓，每一輛車，用二十四人在左右推車，一律穿黑衣，赤著腳，披髮仗劍，手執七星皂幡，之後又叫三萬軍士各拿工具，等候割麥。

同時，我自己也與姜維等三人一樣的裝扮，徑往魏營而去，一切依計行事。當我將魏軍引至山坳時，我料司馬懿定會起疑不敢靠近，所以我事先命姜維、馬岱、魏延從三個方向衝向魏軍，此舉定能驚退司馬懿，使其退回隴上。

趁著司馬懿閉門不出的時間，我早令三萬精兵將隴上小麥割盡，運赴南城，打曬去了，可憐司馬懿足智多謀，卻被我騙得迷失方向，為此我暗自得意了許久。

　　接下來在司馬懿企圖攻克鹵城的戰役中，我用計，裡應外合，前後夾擊，使其潰不成軍，不敢再戰，直到孫禮引雍、涼人馬二十萬來助戰，去襲劍閣，司馬懿才親自引兵再來攻鹵城。面對大軍壓境，再加上司馬懿這個勁敵，我豈敢輕敵，於是命令我軍嚴陣以待。

　　頗要人命的是，在這生死關頭，我軍八萬人中，有四萬人服役期滿，將由新兵接替，正整裝待返故里。相比之下，魏軍有三十餘萬，兵力眾多，連營數里，眾將都為此感到憂慮。此刻，我嚴重地意識到軍心的重要性，我也深刻地體會到做一個讓人信服的領導者，勢必要做到：言必行，行必果，這樣才能取信於自己的下屬。因此，我堅決拒絕楊儀將換班軍士暫且留下退敵，待新兵來到再換班的建議。

　　我認為，用兵命將，以信為本，既有言在先，豈可失信？我傳令，叫應去之兵當日便行，我的誠信之舉，讓軍士們感動不已，竟然大呼：「願意暫時不回，捨命殺退魏兵，以報丞相！」此情此景，讓我老淚縱橫，含淚授他們攻敵之計：所有將士出城安營，待魏兵到，不給他們喘息之機，立即攻擊，以逸待勞，必能大勝。

　　果然，此役我軍將士人人皆如猛虎，魏兵抵擋不住，便往後退，我兵奮力追殺，只殺得那雍、涼之兵屍橫遍野，血流成河，我軍大勝。

　　雖然之後由於種種原因五出祁山未果，退回漢中，但此次出祁山也非一無所得，除多次大敗魏軍，更讓我認識到，誠信的重要性。誠信是為人處世的根本，五出祁山，兵勝誠信，讓我更加確信：

▍誠實守信是成大事必備的要素

我們一定要記住以信為本的處世之道，在你的事業中，養成守信的習慣是非常重要的。只有守信的人，才會有人信任你；只有做到了一諾千金，你的事業才有望發展壯大並蒸蒸日上。

所謂恪守信義，即對許諾一定要承擔兌現。「人無信不立」，答應了別人什麼事情，對方自然會指望著你；一旦別人發現你開的是「空頭支票」，說話不算數，就會產生強烈的反感。「空頭支票」不僅僅增添他人的無謂麻煩，而且也損害了自己的名譽。對別人委託的事情既要盡心盡力地去做，也不要應承自己根本力所不及的事情。

在人與人的交往中，中華民族歷來把信用、信義看得很重要，范式、張劭沒有違背告別時的歡飲之約，魏文侯不因為行酒和下雨的緣故而失信於虞人的狩獵之約。

曾子說：「與朋友交而不信乎？」墨子說：「言不信者行不果。」還有「一諾千金」、「一言既出，駟馬難追」等，都是強調一個「信」字。世間有輕薄的風俗，也有一些口是心非、說話不算數的人；言不由衷，不守信用，往往是招致怨恨的原因，因此這些人很容易受到別人的厭惡甚至招致禍害。不要學張儀，誆騙楚國，把割地六百里的諾言改口為六里。晉國早上還受到秦國的照顧，晚上即遭其攻擊，是咎由自取。

為人應該以信立身，用誠信和周圍的人相交，這樣你才能換來同樣的信任而免遭猜測和禍害。記得許久以前發生過這樣一件事：

襄陽老鎖匠一生修鎖無數，技藝高超，為了不讓他的技藝失傳，人們幫他物色徒弟。最後老鎖匠挑中了兩個年輕人，準備將一身技藝傳給他們。

一段時間之後，二個年輕人都學會了不少東西，但二個人中只有一個能得到真傳，老鎖匠決定對他們進行一次考試。

老鎖匠準備了二個箱子，分別放在二個房間，讓二個徒弟去打開，誰花的時間短誰就是勝者。結果大徒弟只用了不到十分鐘就打開了箱子，而二徒

弟卻用了半個小時，眾人都以為大徒弟必勝無疑。老鎖匠問大徒弟：「箱子裡有什麼？」大徒弟眼中放出了光亮：「師傅，裡面有很多錢，全是金銀珠寶。」問二徒弟同樣的問題，二徒弟支吾了半天說：「師傅，我沒看見裡面有什麼，您只讓我打開鎖，我就打開了鎖。」

老鎖匠十分高興，鄭重宣布二徒弟為他的正式接班人。大徒弟不服，眾人不解，老鎖匠微微一笑說：「不管幹什麼行業都要講一個『信』字，尤其是我們這一行，要有更高的職業道德。我收徒弟是要把他培養成一個高超的鎖匠，他必須做到心中只有鎖而無其它，對錢財視而不見。否則，心有私念，稍有貪心，登門入室或打開箱子取錢易如反掌，最終只能害人害己。我們修鎖的人，每個人心上都要有一把不能打開的鎖。」

人以信為本，二徒弟因為信而擊敗了大師兄，這同樣是人品的勝利。

誠信乃世間之珍寶，人無信不立！以信立身，以信立國，只有信才可以在人與人之間架起橋樑，進行溝通。

六出祁山，大敗司馬懿：見微知著，慧眼識人

我素知司馬懿謹慎，不輕易用人，而秦朗被司馬懿用為前將軍，必武藝高強。今與鄭文交鋒只一回合，便被斬於馬下，我料此人必不是秦朗，遂斷定鄭文是來詐降，伺機從中取事。六出祁山，之所以大敗司馬懿，是因我能識破鄭文詐降，遂能將計就計。說到識人我則有以下體會：見微知著，慧眼識人；知人而善任；有才必舉是準則；識人先識己。

五出祁山未果，不覺三年已過。

我受先帝知遇之恩，三年之間，不敢安享太平，未嘗不設伐魏之策，竭力盡忠。克復中原，重興漢室，是我畢生之志。可天不遂人願，我志尚未實現，可我日漸衰老，恐時日無多。三年潛伏，我國力日盛，兵強馬壯，正是重新出兵之時。

建興十二年，經我主應允，我引兵三十四萬，分五路而進，令姜維、魏延為先鋒，六出祁山。

魏主曹睿知我六出祁山，即令司馬懿為大都督，凡將士皆聽其量才委用，各處兵馬悉聽調遣。司馬懿又保夏侯霸、夏侯威為左右先鋒，夏侯慮、夏侯和為行軍司馬，前來迎戰。

司馬懿趕到長安，聚集各處兵馬四十萬，皆在渭濱下寨，又撥五萬軍，於渭水上搭起九座浮橋，令先鋒夏侯霸、夏侯威到渭水南岸安營，又在營後築起一城，以防我軍。

我復出祁山，按左、右、中、前、後，安下五個大寨，自斜谷直到劍閣，一連又安下十四個大寨，分屯兵馬，作長期打算。為防不測，我每日令人巡哨。

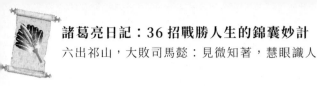

間諜來報，郭淮、孫禮領隴西之兵，於北原下寨，我料魏兵之所以在北原安營，是怕我軍占據此地，阻絕隴道，我遂決定虛攻北原，暗取渭濱，來個聲東擊西。

我令魏延、馬岱引兵佯攻北原，吳班、吳懿引百餘木筏五千兵士去燒浮橋。王平、張嶷為前隊；姜維、馬忠為中隊；廖化、張冀為後隊，兵分三路，去攻渭水軍營。

唉！真是「螳螂捕蟬，黃雀在後」，司馬懿老謀深算絕非池中之物，竟識破我聲東擊西之策，將計就計，我軍敗歸，約折了萬餘人。我心中憂悶，思忖再三，覺得此番要破魏軍，必須使東吳也興師伐魏。正巧此時費禕從成都而來，遂修書一封，交於費禕去東吳投遞。吳主孫權也久欲興兵，今得我書信，欣然應允起兵三十萬，剋日興師。

那日，我正與諸將商議進兵，忽有魏國偏將鄭文來降。鄭文說司馬懿徇私偏向，加封秦朗為前將軍，而視他如草芥，因此不平，特來投奔於我，請我錄用。

我正猶豫之時，忽探子來報：秦朗引兵在寨外，單向「反將」鄭文挑戰。我不知鄭文是否真降，故欲乘此機會試探於他，告之如果殺了秦朗，我就不懷疑他。鄭文欣然上馬出營，與秦朗交鋒。我親自出營觀看。二人交手，只一回合，鄭文便斬秦朗於馬下，魏軍各自逃去，鄭文提秦朗首級入營。

我素知司馬懿謹慎，不輕易用人，而秦朗被司馬懿用為前將軍，必武藝高強。今與鄭文交鋒只一回合，便被斬於馬下，我料此人必不是秦朗，遂斷定鄭文是來詐降，伺機從中取事。

想到此，我便心生一計，可笑司馬懿自掘墳墓。

回到營中坐定，我便命人將鄭文推出斬首，鄭文知事情敗露，泣求免死，供出事實，那人乃秦朗之弟秦明。我遂命其修書一封，教司馬懿自來劫營，我便饒他性命，若捉住司馬懿，便是他之功勞，定當重用，鄭文只得寫了一書。之後，我又挑選了一個口齒伶俐的軍士，讓他拿信去見司馬懿，告知：

鄭文與他同鄉，今我見鄭文有功，用為先鋒；鄭文託他獻書，約於次日晚間，舉火為號，望司馬懿提兵前去劫寨，鄭文作為內應。

果然，司馬懿不知是我之計，遂令秦朗引一萬兵去劫營寨，自引兵馬接應。次日初更，風清月朗，但到了二更時分，忽然烏雲四合，黑氣漫空，對面不見。司馬懿欲乘此天時劫寨，命魏軍人盡銜枚，馬皆勒口，長驅直入。秦朗當先，引一萬兵徑直殺入寨中，不見一人，知是中計，忙令退兵。

突然四下火把齊明，喊聲震天，左有王平、張嶷；右有馬岱、馬忠，兩路兵馬依計殺出，將秦朗所引一萬之兵團團圍住，箭如飛蝗，秦朗死於亂軍之中。

司馬懿見我營中火光沖天，喊聲不絕，不知魏軍勝負，只顧催兵接應，往火光中殺來。忽一聲喊起，鼓角喧天，火炮震地，左有魏延，右有姜維，兩路殺出。魏軍大敗，十傷八九，四散逃逸。司馬懿苦戰，引兵敗退。

想此一役之所以能夠取勝，是因我能識破鄭文詐降，遂能將計就計大敗司馬懿。說到識人我則有以下體會：

▍見微知著，慧眼識人

事之至難，莫如知人。世界上最難的事，沒有比識人更難了。

因為在世界上的所有事物中，可以說，人是最複雜的：有的外似賢人而實是強盜，有的外貌謙恭而實際傲慢，有的外似謹慎而內不至誠，有的外似精明而內無才能，有的外似忠良而不老實，有的外好計謀而內缺乏果斷，有的外似果敢而內是蠢材，有的外似誠懇而內不可信，有的外似糊塗而實誠，有的言行過激而做事有功效，有的外似勇敢而內實膽怯，有的外表嚴肅而平易近人，有的外貌嚴厲而內實溫和……。

人就是這樣表裡不一，尤其是表裡不一而又巧於偽裝者，就更難辨別了。那些奸人就屬於這一種。他們常隱藏起自己的真實跡象，把私心掩蓋起來而顯出為公的樣子，把邪惡裝飾成正直的樣子，而且以此去迷惑人。我之所以

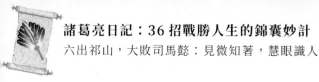

有此番見解，是因這方面的例子在歷史上眾多，光武帝劉秀被龐萌矇蔽便是典型的一例：

龐萌在劉秀面前表現得很是恭敬、謹慎、謙虛、順從，劉秀便認為龐萌是對自己忠心耿耿的人，公開讚美龐萌是賢能之人。其實，龐萌是一個很有野心的人，他明向劉秀表忠，暗裡伺機而動，當軍權一到手便勾結敵人，將與他一起奉命攻擊敵人的自家兵馬消滅了。

最賞識的人背叛了自己，這對於劉秀來說不啻當頭一棒，使他氣得發瘋，後來，雖然他把龐萌消滅掉了，但是由於錯用人而遭受了巨大的難以彌補的損失。劉秀之錯，錯在被龐萌的假象所迷惑了。當然，龐萌是來自敵方的降將，尚沒有貢獻以證明他的忠心，劉秀就對他如此信任，是絲毫沒有理由的，這也是劉秀不可推卸的責任。

劉秀是一個深謀遠慮的人，他誠實待人，知人而善任，不少人因為他的賞識而成為一代英才。但「智者千慮，必有一失」，當他被奸臣的表面現象所迷惑的時候，也就犯下了終身難忘的錯誤，這也進一步證明了識才的艱難。

良莠不齊，人才難識，但假如見微知著、察言觀色，由表及裡地對一個人進行觀察審視，其耳就不會被堵塞，眼睛不會被矇蔽，就會得到這個人的真實情況，達到對他的真正瞭解。

知人而善任

古人說得好，「非知人不能善其任，非善任不能謂之知人。」即不瞭解人、不識人，就不能很好地使用人。換句話說，沒有很好地使用人就是沒有瞭解人、識別人。若不能識人，勢必不能用人，進一步證明知人才能善任。所謂「知人」，就是考察、選準人才。所謂「善任」，就是正確地使用人。

「知人」與「善任」之間是辨證的關係，「知人」是「善任」的前提和基礎，「善任」是「知人」的延伸與深化。「苟能識之，何患無人？」說的就是如果能識別人才，何必擔心沒有可用之才呢？」

春秋時期，甯戚是衛國人，想到齊國去投靠齊桓公，因路遠家窮，於是租一輛牛車，一路做一點小生意，經過千辛萬苦到了齊國。夜裡無錢住旅店便在城外夜宿，待天明再入城。

這時，恰逢齊王出城迎接客人，甯戚見了，為了引起齊王的注意，他敲擊牛鼓，唱著悲歌。齊王聽了，對他的僕人說：「此歌者非常人也。」於是把甯戚帶回朝。

回到宮裡，齊王以賓客之禮待甯戚，並與他討論治國稱霸的事。在談到治國之道時，甯戚勸他先要統一思想，作好團結內部的工作。第二天，齊王要任甯戚官職時，謀臣卻有反對的意見。但齊王慧眼識才，最終重用甯戚，封他為卿。

齊桓公是春秋五霸中的第一個霸主，他之所以能稱霸，主要原因就在於他能知人而善任，大膽提拔才智之士。他從甯戚的悲歌中，聽出甯戚是非常之人，從與他的交談中，知道他胸懷治國之奇才，最後力排眾議，委以重任。

謀臣見甯戚初來，就被委以重任，有失慎重，主張調查他是否為賢才後再做打算，這是一般人的用人準則，無可非議。而齊桓公卻有自己獨特的見解，他之所以不用調查有他的理由：因為人總是有缺點的，查出他的缺點將使人忘記他的優點；而人是難以十全十美的，主要用的是他的長處。齊桓公既然已經發現了甯戚有輔助他治國稱霸的大才，他就不想計較他的一些小缺點了。

後來的事實證明齊王沒有看錯甯戚，他任用甯戚負責農業方面的官職後，使齊國的農業生產大大發展了，國家日富、兵馬日強，為齊王後來稱霸奠定了雄厚的經濟基礎。

得人之道，在於識人，只有知人，才能善任。這是一條放之四海而皆準的真理。

▌有才必舉是準則

古人云：「知能不舉，則為失才。」這是高明之見。

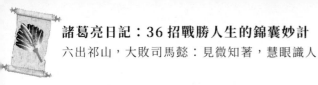
謀求天下發展必須把人才作為根本。有才必舉這是順理成章的事情，如果知道人才而不舉薦，識了奸人而不貶斥，像寒蟬一樣默不作聲，那麼一個國家就會沒落，一個團隊就不能興旺發達。

因此，「在位者以求賢為務，受任者以進才為急」，即在高位的人應該以訪求賢才為最要緊的事情，接受任命的人應該以推薦人才作為最急迫的事情。

對於一個人才來說，如果能得到一個善於識別優劣真偽的人的舉薦，無疑是一種幸運和鼓舞。因為只有在這樣的情況下，優秀的人才才可能脫穎而出，不至於被埋沒，平庸無能之輩才能相形見絀。

漢朝開國大將韓信，為劉氏江山立下了赫赫戰功。他出身貧苦，先在項羽軍隊裡當兵，不被重視。後來投奔劉邦，開始也只做了都尉，掌管糧草。蕭何瞭解情況後，認為韓信是一個不可多得的將才，就向劉邦推薦。劉邦一開始不以為然，一再推託。

蕭何說：「有才不知，知而不用，怎能成就大事？」經過蕭何的努力，劉邦答應召見韓信，拜為大將。

蕭何又說：「拜大將是一件大事，不可潦草，要鄭重地選擇吉日，修築拜將台，舉行儀式，既表示對韓信的信任，又說明你禮賢下士，天下人才才會望風而歸。」劉邦採納了蕭何的建議，為韓信舉行了隆重的拜將儀式，此舉不僅使韓信大為感動，而且也鼓舞了天下有才之士。

識才不易，舉薦人才也不易，只有獨具慧眼的人能識得人才，舉薦人才。因為有賢才的人，在他未成才的時候，不為人所知，或知之甚少。如果已鋒芒畢露，才華超人，會被嫉妒賢才者所忌，不僅不肯推薦，甚至加以毀謗，唯恐其超過自己，或取代自己。

而有人雖知賢也不推薦，這樣的人認為多一事不如少一事，怕推薦的人如果出事會累及自己。因此世上雖然有奇才，願意推薦的人卻極少，也就是這些原因。

所以說，薦賢者不僅要有知人之明，而且要有薦賢之德，不嫉妒賢才，有為賢才開路的至公之心，從這個意義上來說，能推薦賢才的人本身就是賢才。

有推薦賢才的人，才能出現不少聞名於世的大才，那些推薦賢才的也如賢才一樣名垂青史，為後人所稱頌。

▌識人先識已

古人云：「知之始己，自知而後知人也。」意思是說，要認識人必須先瞭解自己，不能瞭解自己的人，也就無法去瞭解別人。

古代軍事家也有一句經典的名言，即知己知彼，百戰不殆；不知彼而知己，一勝一負；不知彼，不知己，每戰必殆。在戰場上，事先既要瞭解敵人，也要瞭解自己，這樣，才能做到百戰百勝；不瞭解敵人但瞭解自己，勝負的可能性各占一半；不瞭解自己也不瞭解敵人，那麼就會每戰必敗。

打仗如此，經商亦然。商場如戰場，如果能做到知己知彼，就能做到百戰不敗，在激烈的市場競爭中大獲全勝。如果不知彼而知己，最多能出現一勝一負。如果不知彼，也不知己，毫無疑問就會逢戰必敗，在激烈的市場競爭中不攻自破，敗下陣來。因此，無論做什麼工作，包括識人方面，都應該做到知己知彼。

識人需要知己，知己方能識人。在主管工作上擔任領導者的人，可以用下面所提供的問題來檢查自己，認識自己：

一、是否有一人包打天下的思想

一個人的精力和能力總是有限的。身為領導者，要充分發揮下屬的作用，而不能存有私心，想借個人的發揮搞「驚人之舉」，故意樹立自己在下屬中的威信。

對於工作，不能大包大攬，否則，你就會陷入應接不暇的境地。結果問題不僅沒有解決，反而令下屬對你意見更多，同時也破壞了階級領導的原則，

正常的工作秩序得不到保證，也嚴重地挫傷了有才之士的積極性：既然你一個人可以包打天下，還要我們幹什麼呢？

二、是否能夠傾聽下屬的意見

無法傾聽下屬的意見，勢必會「獨裁專治」、剛愎自用。下屬向你提出了好的建議，你卻不理不睬，勢必影響下屬的積極性，長久下去，將不再有人多言；況且你也不能保證自己永遠正確無誤，你是領導者，倘若你決策錯誤，將會造成重大的損失。因此你必須善於傾聽下屬意見，經常到下屬之中去，關心他們的冷暖，體察他們的心情，只有這樣，才能得到下屬的擁護與支持。

三、是否有一個正確的目標

目標能統一思想、鼓舞士氣、激勵鬥志，使下屬心往一處想，勁往一處使，同心同德地為一個目標而奮鬥。目標明確，才能圍繞這個主題而籌劃其他工作，責任、權利、利益更加分明，既便於領導者約束自己，也便於指導別人。

四、是否做到了嚴格要求自己

領導者是領頭羊，無形之中為下屬樹立了榜樣作用，如果身為領導者的你表現得懶散、毫無進取之心，勢必軍心渙散，又怎能招攬賢才繁榮大業。因此，身為領導者，應做到嚴格要求自己，為下屬樹立一個好的榜樣。

五、是否做到了賞罰分明

賞罰分明，這是領導者用人的重要原則，無數的歷史事實也證明了這一點。有功不賞，必將眾叛親離，特別是有才奮發者，他們當中大多數都以獲得獎賞的多寡來衡量領導者對自己的理解與信任程度，若有功不賞，必將被理解成不被重視，不受信任，進而產生委屈而離去另投明主。對於有特殊貢獻的人，還應該給予特殊的獎勵。該罰則罰，對過失者給予懲罰，可以讓當事者認識錯誤，吸取教訓，對其他人也能造成警惕的作用。

六、是否講究信義

取信於下屬是每個領導者必須做到的，「人無信不立」，身為領導者，如果你無法得到下屬信任，你將毫無威信可言。下屬不信任你，其執行力必然大打折扣，你會因此付出沉重的代價，賢才也會離你遠去。

七、是否做到了用人所長，避人所短

人無完人。一個人若沒有短處，實際上是一個平平凡凡的人。所謂樣樣皆能，必然欠缺多多。

芸芸眾生中，就如同一棵樹上找不到二片相同的葉子一樣，幾乎沒有二個人的才能是相同的，或長於此，或短於彼，這是不依人的意志為轉移的客觀事實，只有用其所長，避其所短，才能充分發揮各方面人才的作用。

八、是否做到了恩威並重、寬嚴相濟

「打個巴掌給個甜棗吃。」意思是既要對部下批評或責罰，使他認識並改正自己的錯誤，又要寬厚待人，恰當地給他一些鼓勵，引導他朝正確的方向發展。這種方法與我們常說的「胡蘿蔔加大棒，又打有拉」的道理相同。領導者的「大棒」是強硬的一手，樹立了威信，鎮住了局面；再透過「胡蘿蔔」或「甜棗」的恩澤緩緩傳遞過去，浸潤到每個下屬的心中。

當然，「大棒」是對眾人而言的，對於某些人而言，又有不同的作法。部屬中，有些「千里馬」是不用重鞭的。對於好勝心特別強的人，對於極富反抗精神又能力非凡的人，就不能用「大棒」壓制得他無法喘氣。

「木牛」、「流馬」，運糧破敵：古今未有，創造神奇

「木牛」、「流馬」此番應運而生，有兩大妙用：一是，我軍所用糧米均在劍閣，蜀道艱難，人夫牛馬搬運不便，用「木牛」、「流馬」搬運甚是便利，且「流馬」不吃不喝，可以晝夜運轉；二是，我心中已有計策，可用「木牛」、「流馬」大敗魏軍。「木牛」、「流馬」，在外人看來很是神奇，但我知其只不過是創新的產物，而我認為創新能力是欲成大事者需要具備的能力之一。

將計就計大敗司馬懿，司馬懿引兵敗歸，我每日派兵挑戰，魏軍只不出迎。為了求取破敵良策，我自乘小車，到祁山前，渭水東西，踏看地形。忽到一谷口，見其形如葫蘆之狀，內中可容千人，兩山又合一谷，可容四、五百人，背後兩山環抱，只可通一人一騎。

我見狀，心中暗喜，問嚮導此處是何地名，得知名為上方谷，又號葫蘆谷，我心中破敵之策已定。

回到帳中，我喚裨將杜睿、胡忠二人，召集隨軍匠作一千餘人，入葫蘆谷中，監造「木牛」、「流馬」應用。我又令馬岱領五萬兵守住谷口，匠人不許外出，外人不許放入。擒司馬懿之計，在此一舉，切不可走漏消息。

「木牛」、「流馬」，自古及今，未有聞者。如此神奇之作，應歸功於我妻阿醜。阿醜心靈手巧，在生活實踐中，認真總結了沔南一帶人民推磨磨麵的經驗，在此基礎之上創造了用木製機器磨麵的方法，簡單、方便，木器又不吃不喝，且能晝夜運轉，從而啟發了我，製造出了此「木牛」、「流馬」，以及那威力強大的「連弩」之法。

「木牛」、「流馬」此番應運而生，有兩大妙用：一是，我軍所用糧米均在劍閣，蜀道艱難，人夫牛馬搬運不便，用「木牛」、「流馬」搬運甚是便利，且「牛馬」不吃不喝，可以晝夜運轉；二是，我心中已有計策，可用「木牛」、「流馬」大敗魏軍。

不過數日，「木牛」、「流馬」皆製造完畢，猶如活牛活馬一般，上山下嶺，各盡其便，眾人見了，無不欣喜。

我讓右將軍高翔引一千兵馬駕「木牛」、「流馬」，自劍閣直抵祁山大寨，往來搬運糧草，供全軍食用。

我料司馬懿知我有如此神物，必定要來搶去，仿我之法依樣製造。如此正合我意，我定讓他得我幾匹「木牛」、「流馬」，他日送我百倍、千倍資助。

果然不出我所料，高翔驅「木牛」、「流馬」搬運糧草，被魏將張虎、樂琳搶去數匹。不久便有探子來報：司馬懿見了「木牛」、「流馬」之後，令巧匠百餘人，依其尺寸長短厚薄之法依樣製造。不出數日，已造成兩千餘隻，亦能奔走。司馬懿令鎮遠將軍岑威，引軍驅「木牛」、「流馬」去隴西搬運糧草，往來不絕。

見司馬懿中我之計，我即吩咐王平引一千兵，扮作魏人，混入魏軍運糧隊中，殺散護糧之人，然後在「木牛」、「流馬」身上動手腳，迷惑魏軍；我又喚張嶷，令他引五百軍，扮作神兵，皆鬼頭獸身，用五彩塗面，裝作種種怪異之狀，一手執旗，一手仗劍，身掛葫蘆，口內藏煙火之物，伏於山前，伺機而動；又令魏延、姜維引一萬兵，去北原寨口，接應「木牛」、「流馬」；令廖化、張冀引兵五千，去斷司馬懿歸路；令馬忠、馬岱引二千兵，去渭南挑戰。

且說魏將岑威引軍驅「木牛」、「流馬」，裝運糧草。正行之間，忽報前面有兵巡糧，令人哨探，誤認為是魏兵，遂將兩軍合於一處，繼續前行。王平依我之計，領兵混入魏軍之中，出其不意斬殺了岑威，魏軍死傷大半，遂引兵盡驅「木牛」、「流馬」而回。

郭淮聞軍糧被劫，急忙從北原寨內引兵去救，王平令士兵扭轉「木牛」、「流馬」舌頭，盡棄於道上，且戰且退。郭淮也不追趕，欲驅「木牛」、「流馬」而回，卻哪裡能夠驅動？正在疑惑之際，魏延、姜維依計殺來，王平又引兵殺回，三路夾擊，郭淮大敗而走。

王平又將「木牛」、「流馬」舌頭重新扭轉，驅趕而行。郭淮望見，欲回兵追趕，此時只見後山擁出一隊神兵，一個個手執旗劍，形狀怪異，擁護著「木牛」、「流馬」而去，郭淮疑惑，不敢追趕。

　　司馬老賊聞北原兵敗，急忙引軍去救，才到半路，張冀、廖化兩路兵馬自險峻處殺出。司馬懿落荒而逃，兵馬盡折，單槍匹馬向密林裡逃去。廖化前去追趕。唉！也道是，老賊命不該絕，廖化追上近在咫尺，司馬懿竟繞樹而逃，廖化一刀砍去，正砍在樹上，待撥出刀司馬懿已逃出林外。

　　廖化急追而去，哪料司馬懿狡猾如狐，竟將金盔棄於林東，卻向林西逃去，廖化取盔掛於馬上，追了一段，不見司馬懿蹤跡，奔回谷口，正遇姜維接應，遂一同回營。

　　司馬懿逃回寨中，驚慌未定不敢出戰，再加此時，東吳孫權依約進兵伐魏，魏主曹睿令司馬懿堅守勿戰。於是司馬懿深溝高壘，堅守不出。

　　我見魏軍堅守不出，就做久駐的打算，令士兵與當地的魏國百姓一起種田：收穫的糧食分三份，兵士取其一，百姓取其二，軍民互不侵犯，魏國百姓皆安居樂業。而立下大功的「木牛」、「流馬」也深得百姓歡迎，又為閒時生產立下赫赫戰功。

　　「木牛」、「流馬」，在外人看來很是神奇，但我知其只不過是創新的產物，而我認為創新能力是欲成大事者需要具備的能力之一。

▋創新才能制勝

　　要成大事，首先要做一個具有創造力的人，充分利用獨立思考的習慣，這樣你就會在拚搏中找到自己的位置和方向。

　　創新能「救活」自己的異常思維和才智，進而激發自己全身的能量。在日常生活中，每個人都是投石問路者，或難或易、或明或暗，或悲或喜，彷彿不停地掙扎在一個個「陷阱」之中，因此用有效的創新點擊人生火花，成為突擊生存的夢想和手段。誰能抓住創新的思想，誰就會成為贏家；誰要拒

絕創新的習慣，誰就會平庸！這就是說，一個有著思考創新習慣的人，絕對擁有閃亮的人生！

要想成為有創造力的人，首先需要瞭解有創造性的人的特徵：

具有創造力的人通常都有樂觀、開朗的個性，從不把任何事情看得過於嚴重，即使是很嚴肅的事情也是如此。

具有創造力的人從不循規蹈矩，對一些簡單的工作總是不屑一顧。他們往往放蕩不羈，喜歡標新立異、獨闢蹊徑，愛以新的方法去做老的工作。

具有創造力的人崇尚冒險精神，特別熱衷於具有挑戰性的活動與工作，喜愛探索周圍的世界以及人們的內心世界。

具有創造力的人在工作和生活中很難做到準確、準時和恰到好處，因為還有比這更重要的東西。

具有創造力的人富有幽默感，喜歡在工作的時候開玩笑，因此他們通常都與同事、朋友相處得較為快樂和諧。

具有創造力的人在對待事情的發展上喜歡順其自然，不需要事先勾畫草圖。他們從每天所做的工作和所發生的事件當中尋找前進方向，他們偏愛對實際事件產生反應，而不是按某個人所立下的標準幹活。

具有創造力的人具有獨立工作的能力，有時也好獨處，他們往往與大多數人的意見不一致，而且往往對自己的信念充滿信心，並堅持著繼續下去。

具有創造力的人對於藝術和美都有自己的獨到見解和看法。他們對藝術和美的理解超出了藝術和美本身的涵義，在他們眼裡美已不僅僅是一朵花的形狀和顏色，而是一部設計良好的機器的完善功能，是一個和諧的工作或者一種思想的完美境界。

具有創造力的人熱情高漲、富有理想並且責任心強，他們相信高漲的熱情可以使一切成為可能。

具有創造力的人具有雄心壯志，他們願意與充滿信心、洞察力強、頑強執著的人一起工作。他們與一般人不同，能夠迅速意識到某一件工作的實質

和重要性，他們不受自身想法的約束，願意檢驗自己的想法，願意看到別人的挑戰。

具有創造力的人擅長於從一個獨特的觀點來評價和判斷事物。他們具有特殊的綜合能力，往往別出心裁，當別人說二加二等於四時，他們也許會說二加二等於二十二。

具有創造力的人絕不會僅僅是個空想者。一個人如果僅有創造性的思想，還不能算是具有創造力的人，必須付諸行動、產生結果才行。

具有創造力的人不畏艱難險阻，在他們的眼裡每一個困難都是一次成功的機會，就好像登山者面臨著等待攀登的高山，艱難困苦過後會使人心曠神怡。

具有創造力的人不滿足於淺顯的、世俗的、平庸的或陳腐的東西。他們絕不會只給那些有價值的問題一個答案。在不斷地追求和探索中，他們感到其樂無窮。

具有創造力的人懂得何時應該以及如何才能夠從不利於發展的死胡同中擺脫出來，這樣才能夠有效地利用寶貴的時間和精力。

具有創造力的人具有耐心。儘管他們從不在瑣碎、繁雜的小事上浪費自己的寶貴時間，但是在等待時機、等待成果或等待靈感時卻十分有耐心。

具有創造力的人不介意一時的迷失方向或意見分歧，他們相信問題總有解決的辦法。

具有創造力的人有信心、有勇氣，做事情持之以恆，並且懂得如何合理地集中運用時間和精力達到預期的目標。

事實上人人都可以成為有創造力的人，就看你如何發掘自己的創造力。我們如果發現自己缺乏創造力，可以參照一下下列的標準，檢查自己的不足之處：

缺少確定的奮鬥目標；

懼怕失敗；

擔心成功可能帶來不利的影響；

貪圖眼前既得利益；

害怕生活的改變對自己不利；

缺乏體力或精力。

　　只要你充分發揮自己的能力，認識並注意克服自己的缺點，你就一定能成為一個有創造力的人，並且在所進行的創造中獲得無窮的樂趣！

娶妻「阿醜」，求才不求貌：志同道合，安家立業

　　我之事業，與我妻阿醜分不開。今日所取成就，有我一半，更有阿醜一半，娶阿醜為妻此生無憾。思阿醜，藉以告誡後人：愛情不是花陰下的甜言，不是桃花源中的蜜語，不是輕綿的眼淚，更不是死硬的強迫，愛情是建立在共同的基礎上的。愛情最堅定的基礎，在於志同道合。人總是要老的，花總是要謝的，單純「以貌娶人」，只追求外在的美，往往要吃大苦頭。

　　說到「木牛」、「流馬」，就不能不提到我妻「阿醜」。

　　想我年輕之時，才華出眾，相貌堂堂，因此，向我提親者比比皆是，其中最讓我頭疼的是沒完沒了，以各種方式為各地大家閨秀前來聯姻者的糾纏。有的還拿有畫像，雖然畫像中人個個貌若天仙，但我絲毫不為之所動，有道是：自古以來，帝貪色，傾國！士愛色，毀業！人戀色，敗名！我諸葛亮今生求才不求貌。

　　為照顧我與小弟諸葛均的生活，嫂嫂被叔父接到荊州，從此，嫂嫂便擔當起了母親的角色。一晃，我已二十出頭，卻整天只知做學問，讀聖賢之書，田間躬耕也能身體力行，會朋訪友，談古論今已達忘我之境，一切都好，就是從不想自己的婚姻大事，倒是嫂嫂為此傷透了腦筋。

　　嫂嫂對我甚是瞭解，知我心意，在婚姻問題上不是挑剔，而是要找一個志同道合的知己，一個賢內助。嫂嫂知我求才不求貌，正是為了做一番轟轟烈烈的大事業。

　　為此，嫂嫂便去請黃承彥老先生幫她出謀劃策，黃老先生不僅是我恩師，而且我對他很敬重，素願聽其言。

　　嫂嫂登門拜訪，只是話未出口，黃老先生自開話匣，道出自己的苦衷。

　　原來黃老先生有一女兒，因此前黃老先生曾有過兩個兒子，都只幾歲便夭折，所以自從有女兒以後，黃老先生便提心吊膽，生怕再有不幸。他按襄

陽的風俗，給女兒起了一個賤名叫「阿醜」，希望她能因此長得健壯結實。阿醜姑娘倒真是無病無災，而且從小就口齒伶俐，聰明過人，幾歲上即能熟背《詩經》，黃承彥視她為掌上明珠。

阿醜像她父親一樣，一通百通，成了一個知識淵博、滿腹經綸、才高八斗、氣質非凡的女子。只是阿醜長大以後，性格變得有點怪異，身體長得矮小短粗，加上皮膚黝黑、頭髮枯黃，又一點都不留心梳妝打扮，所以都快二十的人了，還沒有定親。阿醜心高氣傲，說什麼一輩子不嫁，要嫁也給天下的女子做個榜樣，非要爭個「女才郎貌」不可！把襄陽城搞得滿城風雨。

黃承彥向嫂嫂道出苦衷，原來他想要嫂嫂幫他開導開導阿醜，打消那個「女才郎貌」的怪念頭。

誰知嫂嫂聽後突發奇想，認為我與阿醜正是天生一對、地設一雙。黃承彥一向對我頗有好感，器重有加，當即同意，樂得願做月下老人，嫂嫂回答願結秦晉之好。

「長嫂如母」，一來嫂嫂之命實難不從，二來這正是我心中所思，當下迎娶沔南名士黃承彥之女阿醜為妻，這事在當時受到了許多鄉里鄰人的恥笑。

我之所以不顧人們恥笑，拒絕眾多求親者，偏偏娶阿醜為妻，是因我看不慣只追求外表美的庸俗作風，我一心想找個樸實而有才能、對自己理想的事業有所幫助的女人。黃承彥的女兒阿醜，雖皮膚黑、頭髮黃、長得較醜，但她聰明賢慧，頗有學識，遍眼天下，阿醜才是我理想中的愛人。

與阿醜結婚後，我對她有了更深的瞭解，心中對她更是敬重，娶阿醜為妻我終生無悔。阿醜對我更是體貼入微，不僅把家中諸事料理得井井有條，使我能專心致志地看書學習和從事政治、軍事的研究，而且如前所說，啟發我發明了「木牛」、「流馬」和威力強大的「連弩」之法，使魏兵望而生畏。

我之事業，是與阿醜分不開的。今日所取成就，有我一半，更有阿醜一半，娶阿醜為妻此生無憾。

思阿醜，藉以告誡後人：愛情不是花陰下的甜言，不是桃花源中的蜜語，不是輕綿的眼淚，更不是死硬的強迫，愛情是建立在共同基礎上的。愛情最

堅定的基礎，在於志同道合。人總是要老的，花總是要謝的，單純「以貌娶人」，只追求外在的美，往往要吃大苦頭。

心靈美麗才有愛情美麗

在選擇戀愛對象時外貌發揮了第一印象的作用，但美好的心靈才是打動人心的決定因素。在我諸葛孔明看來：

‧愛情美，美在重人品

愛情是兩顆心的結合，而不是兩張臉的拼湊。愛情、婚姻是要共同生活一輩子的事情。人品好、思想好、內在美，這是長期起作用的因素；而外表美、長相好，只能是暫時的悅目，隨著時間的流逝，人總有衰老之時。建立在外貌基礎上的愛情，一旦時過境遷，紅顏衰老，愛情大廈就會倒塌。美麗的外貌只能喚起生理上的衝動，而生理上的衝動如同一現的曇花；美麗的靈魂喚起的是心靈的激動，而心靈的激動才如同長青的翠柏。

‧愛情美，美在重人品，不重門第

「門第」觀念，像一道道萬丈鴻溝把許許多多相親相愛的男男女女分離在九天之外，阻隔在千里之遙，釀成多少人世間的悲劇。許多人把「門第」作為選擇對象的主要條件，人品如何並不重要，宣揚什麼「門當戶對」的思想，似乎只有家庭條件好，才會有婚姻的美滿和生活的幸福，以及遠大前途。我不否認家庭條件好可能是婚姻的一個有利因素，但這絕不是決定的因素，決定的因素還是在於人的品德及真情。

‧愛情美，美在重人品，不重錢財

在確定戀愛關係時，適當地考慮一下對方的經濟狀況是天經地義的，因為完全避開一切物質生活條件來談論愛情，那只是空想。「適當考慮」，並不等同於拜金主義和買賣婚姻，因為愛情並非不食人間煙火的單純精神現象，而由它所必然導致的婚姻更不僅僅是精神與肉體的結合，也是經濟生活的結合。我讚美愛情的純潔，但我也絕不蔑視人類賴以生存的必要的物質前提；我反對重錢物、不重人品的戀愛觀，但我並不是要求人人都做苦行僧。放眼

社會，拜金主義現象嚴重泛濫，甚至把錢作為愛情的砝碼。這是一種嚴重人性的異化，是對愛情的褻瀆。

選對象時不能過於苛刻

記得當年我年滿十八，到了懷春的年齡，所以對找對象的事很感興趣。一天，我問叔父：「找對象的時候，最重要的是要注意什麼呢？」

叔父解釋說，人總不是十全十美的，在挑選對象的時候，千萬不要抱有不切實際的幻想。

「許多年輕人在戀愛的開始往往懷著美好的憧憬，希望戀人完美無缺，遇到了好的姻緣，明明幸福就握在手上，卻不著邊際地遐想，可能還有更好的，於是便放棄已握在手中的幸福，去追求雨後彩虹般的美麗。這樣的人應該認識到：最愛就是最好。當然，我這樣說，絕不是說愛情可以不經過慎重的選擇，只是必須明確：愛情絕不能湊合。」

「那麼，比較重要的標準是什麼呢？」我接著問。

「以共同的喜好為基礎，」叔父想了想說，「這樣的婚姻比較扎實。」

叔父解釋說，不少成功人士的愛情生活之所以美好、和諧，除了彼此個性、感情、志趣、品行等方面互相傾慕、情投意合外，更重要的是以共同的理想和事業為基礎。

叔父告訴我：「共同的喜好與理想是維繫夫妻關係最牢固的基礎。」

我想了想又問：「那麼，夫妻是不是喜好一致，甚至從事同樣的工作就好呢？」

「不能這麼說，夫妻間的互補也很重要。」叔父不假思索地回答道。

為了讓我更好地理解這個問題，叔父不厭其煩地為我講了許多。

叔父指出，夫妻之間有差異是好還是不好，要做具體分析。

男女愛情的產生與婚姻關係的鞏固往往是由兩種因素相互影響的結果：一種因素是生活目標、價值觀念和興趣的共同性，這是顯而易見的；另一種因素的是個性、氣質和才能的差異性，這也是不可忽略的。夫妻之間要有許多方面的「同」，同時也要有一定的差異，除了相互適應——即順應、同化、內化以外，還有一定方式是「互補」，透過「互補」，以求夫妻更加和諧而一致。

　　許多事實證明，天才人物往往具有一些顯著地不同於一般人的素質，他們身上會有某些超群的、非典型的、反常的特點——有些是優點，有些則是缺點。他們為了彌補在愛情和家庭生活中的某些不平衡因素，因此，所尋求的配偶往往是一些智力平平，但在其他方面有顯著優點的異性。這樣，生活就恢復了平衡，克服和補償了缺陷。

　　對一般人來說，「互補」的情況也是常見的：在工作上，丈夫長於此，妻子長於彼，才能相互幫助；一個人忙於工作，另一個善於持家，生活中矛盾就少；一方性子比較急，另一方性子比較慢，就可以既把事情考慮得周到些，又做得快一些……。這樣的夫妻正像凹凸相反的兩塊模子，十分貼切地合在一起。

　　夫妻之間的「互補」有許多基本形式，如：同位補償，即透過相互激發和幫助，化特短為特長；異位補償，就是在共同生活中揚長避短；昇華補償，就是在相互勉勵和教育下，追求普遍的美德、偉大的理想、高尚的情操，使雙方都置身於更高的境界，凌駕於一切缺陷之上；群體補償，就是以對方的長處來彌補自己的不足。

　　因此，夫妻之間要謀求「共同」，也要謀求平衡，謀求「互補」。在擇偶時應該這樣，在婚後也要這樣。「互補」往往不是自然形成的，而要自覺加以調節。叔父強調，要特別注意以下幾個問題：

　　一、「世界上沒有兩片完全一樣的樹葉，沒有兩個完全一樣的手掌。」人也是這樣。男女雙方不論多麼志同道合，在興趣、喜好、個性、作風等方面總會存在各式各樣的差異，這是正常的，不必對此感到遺憾或不滿。

二、對差異要做具體分析，要看它表現在大的原則問題上，還是在日常生活小事上。例如，男女雙方在理想方面差異很大，甚至背道而馳，這就很難「互補」，只能分道揚鑣了。

三、「互補」往往是同一事物不同側面的結合，這些側面，各有積極意義，也各有其不足之處，「互補」是積極意義上的結合。

四、不能忽略差異方面的消極因素。消極因素的結合不是「互補」，而是「互撞」；不是相得益彰，而是相互抵消，這就不好了。例如，丈夫雖然大膽，但魯莽；妻子雖然謹慎，但保守，魯莽加保守，這就糟了。

五、夫妻「互補」還要具備一些條件，主要是雙方互敬互愛。互相尊敬，才能認識對方的優點、自己的不足，從而以對方的優點來彌補自己的不足；因為相互愛戀，才能致力於實現完美的結合，而且努力保持一輩子。

叔父強調說：「夫妻之間有差異不等於沒有共同語言，所應做的努力不是如何消除差異，而是如何做到優勢『互補』。」

今回想往事，叔父之言猶如昨日，我覺得很有道理，遂憑印象紀錄下來，以此作為對叔父的懷念，更希望能對大家有所幫助。

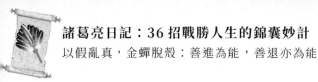
以假亂真，金蟬脫殼：善進為能，善退亦為能

要說導演撤退藝術的大師，恐怕非我孔明莫屬。我六出祁山，六次撤退，各有特色，不落俗套，常常在撤退中化被動為主動，大量消滅敵人。我認為：欲思其利，必慮其害，欲思其成，必慮其敗；善敗者不亡。善進為能，善退亦為能。

為剿滅漢賊，恢復中原，我率兵六出祁山，每日起早睡晚，日食不過數升。我雖知食少事煩不能持久，但我更知自己肩負重任，除此之外，別無它法。

自用「木牛」、「流馬」大敗司馬懿之後，司馬懿堅守不出，於是我又策劃了一齣「引君入甕，以火攻之」的好戲，於上方谷大敗魏軍。此一役我軍盡占渭南，之後，我自覺神思不寧，諸將因此未敢進兵。

一日，費禕從成都趕來，報我：東吳進軍伐魏不利，已經退兵。我聞此言，猶如五雷轟頂，頓覺頭暈目眩，站立不穩，失去知覺。眾將急救，半晌方醒。我心昏亂，舊病復發，我知自己將不久於人世！

大丈夫理應「鞠躬盡瘁，死而後已」，我扶病理事，越感勞累，常常吐血不止。六、七日後，終於臥倒榻上，我料自己時日無多，遂開始料理後事。

我將自己親手所書兵法共二十四篇，傳予姜維，又把「連弩」之法一併授之。告知蜀中諸道，皆不必多慮，唯陽平之地，切須仔細，此地雖險峻，久必有失。姜維一一答應。

我又喚馬岱入帳，附耳低言，授以密計，叮囑我死後，他可依計而行。

此後，楊儀前來問病，我把一應大事，盡託楊儀代理。

我一一調度完畢，便連夜將病情上奏我主劉禪，我主命尚書李福星夜至軍中問安。想到我主如此關切，而自己今後再不能為其效力，我心俱碎。見

李福遂囑其應竭忠輔主，國家舊制，不可改易，我所用之人，亦不可輕廢，我所著兵法授與姜維，他自能繼我之志，為國出力。

我志尚未實現，而身將先死，我雖不願，但也無可奈何，心中有太多不捨，遂又強支病體，令左右扶上小車，出寨遍觀各營，自覺秋風撫面，徹骨生寒，我知自己已不能再臨陣討賊！

回到帳中，我雖覺身體不適，但我深知自己死後，我軍退入蜀中，司馬懿定會乘勢追擊。與敵交戰，進需謀，退更需謀，而且退需要勇氣、需要智慧。

我遂吩咐楊儀，馬岱、王平、張翼、張嶷等皆忠義之士，堪可委用。緩緩退兵，不可急驟。姜維智勇足備，可以斷後。

我死之後，不可發喪，退兵之時，可令後寨先行，然後一營一營緩緩而退。若司馬懿來追，就將我先時所雕木像，安於車上，推出軍前，司馬懿見了必然驚走，楊儀一一允諾。

此「金蟬脫殼」之計，在我心中盤算已久，我素知退兵的利害關係，稍有不慎就會有大的危險。在我看來「善進為能，善退亦為能」。知進知退才是大智慧。

除此之外，我便是不放心我主劉禪。先帝知遇之恩，我主待我尊敬有加，關懷備至，我雖死無以回報，遂上書以表心跡：

「臣願陛下：清心寡慾，約己愛民。近賢良，斥奸邪，布仁恩於天下。」

自覺時日無多以來，我常不覺自思往事，魂牽夢縈，想那翩翩少年之時，隨我主劉備征戰之日……我遂寫作了此書，一是回憶過去，二是以鑒來者。立書著說，以表心跡。

成大事者應懂得如何保護自己

蟬和蛇一樣，一生中要脫幾次外殼，脫一次殼一次痛苦、磨難，然而脫一次殼又獲得一次新生。蟬和蛇脫落的外殼與牠們原來的身形相似，叫做蛻。人們見了蛻，以為是蟬或蛇，其實這時牠們早已逃走了。金蟬脫殼就成了逃

離險境常用的計謀。「金蟬脫殼」之計並非我孔明首次運用，縱觀歷史，運用此計者比比皆是，就連我的老對手曹操也曾用過（與馬超相持潼關，曹操兵敗，被馬超追殺，曹操幾次改變裝束，才得以逃脫）。

「金蟬脫殼」是一種比喻，本意是指寒蟬在蛻變時，本身脫離皮殼飛去，只留下一個空殼在枝頭。施諸於謀略，是指在危急存亡之時，用偽裝、掩蔽或欺騙的手段瞞住對方，以求暗裡逃遁。

採取「金蟬脫殼」乃是一時受挫，萬不得已的權宜之計，只要暫時得以脫身，就不愁沒有再次復出的機會。

「三十六計」中的最後一計是「走為上計」，「金蟬脫殼」也是「走」的一種方法。不過，「金蟬脫殼」的涵義並不止於一走了之，而是有脫胎換骨、改頭換面、天蠶再變、破網而出、死中求活、死裡逃生、東山再起、反敗為勝等積極性的意義所在。

縱觀古今，多少英雄豪傑，他們在奮鬥的過程中能夠挫而不折、失而不敗、跌而不倒、焚而不毀，獲得最後的成功，就是懂得應用「金蟬脫殼」的結果。

▌善進為能，善退亦為能

要說導演撤退藝術的大師，恐怕非我孔明莫屬。我幾出祁山，幾次撤退，各有特色，不落俗套，常常在撤退中化被動為主動，大量消滅敵人。

在政治軍事的鬥爭中，不失時機，硬攻強取，固然是英雄本色，但審時度勢，該退則退，也不失智慧之舉。「成功之道，贏縮為寶」，進退伸縮，皆為成功的法寶。在形勢於我不利的情況下，可以投降，可以講和，也可以退卻。三者相比，投降是徹底失敗，講和是一半失敗，退卻則可轉敗為勝。

退卻，表現為暫緩前進的節奏，調整部署，積蓄力量。

退卻，也表現為另覓新路。

自覺退卻是一種主動的行為。有退才有進，有止才有流，有捨才有取。在人力、物力、財力一定的情況下，只有犧牲一部分利益，才能在新的領域獲得更大的收益。同時，從無謂的糾纏和痛苦中擺脫出來，才能有更多精神和力量思考新的出路。「驀然回首，那人卻在燈火闌珊處」。新的境界，新的天地，正在一「回首」之處。

總而言之，退卻可以減少損失，保存實力；退卻可以重整旗鼓，以利再戰；退卻可以另覓新路，爭取更大的勝利。因此，一個良好的撤退，也應和偉大的勝利同樣地受到讚賞。趙雲在第一次北伐受挫後的撤退中，獨自斷後，斬將立功，不曾折一人一騎，我不僅稱讚他「真將軍也」，還賞贈趙雲五十斤金，因為我諸葛孔明高度重視撤退的藝術。

·退卻需要勇氣

退卻的道理說來並不高深，但實際做起來卻很困難。這是因為在此以前，已經投入不少人力、物力、財力，花費了不少心血，一旦拋卻猶如割肉剜心，既會擔心蒙受損失，還會害怕丟掉面子。然而，如果不堅決退卻，就要中途耗盡全力，造成更嚴重的損失。因此，事業上的退卻猶如面臨死亡，只有具有捨身忘死精神的人，才能真正掌握這門藝術。

·退卻需要智慧

雖然是「打得贏就打，打不贏就走」，但是何時走，怎樣走，走向哪裡？這裡面包含著臨機決斷的極大學問。比如，由於難以洞察全局，退卻的時機就很不容易掌握，如果僅僅根據局部情況而下決心，就會導致失敗，有時甚至連失敗給全局帶來的損失也看不清楚。因此，退卻同樣需要調動一切智慧，做到周密計畫，深思熟慮，忙而不亂，退中有進。

六出祁山而無大的建樹：「平生謹慎，必不弄險」

六出祁山而無大的建樹，經過深思我深知「平生謹慎，必不弄險」是我犯的最大錯誤。我雖已全然明白，但已是力不從心，北伐尚未成功而身將先死，可嘆！可惜！可恨！借此，我奉勸切莫走我之路，欲成大事者必須具有冒險精神。

身邊的人都誇我是一個十分了不起的人，但我知道，自己也並非完人，性格上過於謹慎是我最大的一個缺點。六出祁山而無大的建樹，與此不無關係。

記得在第一次進兵中原之時，魏延曾向我獻策，願領精兵五千，分道由子午谷進兵。這是一條捷徑，如能得手，不過十日可到長安。但我卻認為這一方案風險過大，不是萬全之策，是過分低估了對手，是欺中原無人。於是謹慎行事，依法進兵，從隴西平坦大路逐步推進。不久，司馬懿復出，街亭失守，敗局已定，只得退兵。那次興師，我雖擒了夏侯楙，敗了曹真，但對魏並無多大挫傷。

現回想往事，從當時的敵情、地形、路線等情況來看，魏延的建議頗有見地。如果我當時採取了這條建議，很可能一舉奪下長安，收復三秦。對此，我也聽人傳言司馬懿之語：「諸葛亮平生謹慎，未敢造次行事。若是吾用兵，先從子午谷逕取長安，早得多時矣。他非無謀，但怕有失，不肯弄險。」

唉！我孔明怎麼配稱為「了不起」，棄捷徑而兜大圈，延緩了進攻時間，難以出其不意，而且導致疲眾勞師，結果等來了勁敵司馬懿。苦心準備多年的心血，全部付之東流，悔之晚矣！

我的失當，告誡了後人，決策時必須處理好以下幾個關係：

· 冒險與謹慎

冒險和謹慎似乎對立，其實作為成功的因素，它們又彼此互補。成功需要謹慎，但也需要冒險。謹慎固然可取，但要依時依地而行。在行動的準備階段，調查研究敵情，制定初步方案，對比優選方案，要力求謹慎。但在最後的決斷和執行又要勇於冒險。因為決策者所面對的是一大批變化著的未知因素，同時主客觀條件也只能是相對成熟而已。決策者不能無限地等待，當成功的可能一旦出現，就應該果斷行動。謹慎不等於萬無一失，不等於蹈常襲故，不等於保守等待。

在這方面，我有點佩服我的對手曹操。官渡之戰前夜，形勢對曹操十分不利。袁紹消滅了固守在易京的公孫瓚，占有幽、冀、青、并四個州的廣大地區，軍隊達幾十萬人，成了北方勢力最大的割據集團。處於明顯劣勢的曹操心有猶豫，難以決策，完全合情合理。後聽了謀士郭嘉的分析，曹操下定決心，在十倍於自己的袁紹面前，毅然應戰，終獲勝利，由此可見曹操善於處理謹慎和冒險的關係。

· 冒險與勝利

冒險和出奇相連，出奇和制勝相生。戰場上的危途險地，常常被人們看作與勝利絕緣，因而正是敵方將帥思維判斷的死角和不虞之地，進而也變成了敵人防禦上的「薄弱點」、「空白點」。出奇意味著擔風險、闖難關，但「幸運喜歡眷顧勇敢的人」，「地獄的入口處正是勇往天堂的大門。」險中有夷，危中有利，越大的危險往往含有越大的勝利。倘若要創造驚人的戰績，必須敢於冒險。

· 冒險與勇氣

從認識論的角度講，冒險就是勇於探索、勇於實踐；從決策定計上看，冒險則是一種勇氣、魄力。我之所以過於謹小慎微，我想是源於思想的壓力。

承蒙主公劉備知遇和託孤之恩，執掌軍政大權，無時無刻不希冀完成統一大業，而對手又是強大的魏國。在這種嚴峻的形勢下，我的報效心和責任心，使我在自己的事業面前戰戰兢兢，如臨深淵，如履薄冰，但怕有失，過

於謹慎小心。其實，細想起來，在我事業的開始，我先是孤身入吳，繼而取西川、奪漢中，還是有一些冒險精神的，可惜心理的壓力，又使我六次北伐謹小慎微，不敢弄險，而無大的建樹。冒險需要勇氣，需要拋棄心中一切的雜念、膽怯。

・冒險和科學

冒險需要勇氣，但僅此還不夠。一個人既要敢於冒險，又要善於冒險。冒險不等於蠻幹，冒險不等於否定科學。只有講究科學，才可能提高冒險的成功率。

冒險不等於意氣用事。劉備為報關羽之仇，一定要出兵伐吳，進行了策略上的一次大冒險，結果慘敗。之所以有此結局，是感情的潮水摧毀了他理智的思維。由此可見，決策者首先要戰勝自己，在重大問題上，絕不能憑自己的感情衝動而貿然行事。為一時之氣「拔劍而起」、「挺身而鬥」，乃匹夫之勇。真正的大英雄，應該是「猝然臨之而不驚，無故加之而不怒」。

六出祁山而無大的建樹，經過深思我深知「平生謹慎，必不弄險」是我犯的最大錯誤。我雖已全然明白，但已是力不從心，北伐尚未成功而身將先死，可嘆！可惜！可恨！借此，我奉勸切莫走我之路，欲成大事者必須具有冒險精神。

▌激發自己的冒險精神

欲成大事者必須具備常人不具備的冒險精神，因為沒有冒險，就沒有大的成功。世界上大多數人不敢冒險，他們熙來攘往地擁擠在平平安安的大路上，四平八穩地走著，這路雖然平坦安寧，但距離人生風景線卻迂迴遙遠，他們永遠也領略不到奇異的風情和壯美的景緻。

他們平平庸庸、清清淡淡地過了一輩子，直至走到人生的盡頭也沒有享受到真正成功的快樂和幸福的滋味。他們只能在擁擠的人群裡爭食，鬧得薄情寡義也僅僅是為了填飽肚子，穿上褲子，養活孩子。其實這樣並不安全，因為仍然要承受挨餓和被人鄙夷的風險。

所以，生命從本質上來說應該就是一次探險，如果不是主動地迎接風險的挑戰，便是被動地等待風險的降臨。

唯有帶著沉重的風險意識，敢於懷疑和打破以往的秩序，透過冒險而取得勝利後，才能享受到人生的最大喜悅。我們應該強烈地追求這種境界，而不應安於過一種平平常常、千篇一律的生活。

理想的生存方式就潛伏在現時的生存方式之中，只有具備探險的勇氣才能發現它。在你的身上，本來具備著打破舊的生活格局而迎來新的生活的巨大潛能，可是它被現在的平庸作為掩蓋著。只有具備風險意識，無所畏懼，勇於探索和實踐，你的潛能才能發揮出來。完全地展示了自己的才能、實現了自己追求的人，才能領略到人生的最大喜悅和歡愉，這是所有懦夫都不可能領略到的。

冒險免不了有失敗。成功的母體便是失敗。成功只是無數次失敗之中的一個特例。正常的規律是，無數次的失敗換來一次成功，無數人的失敗換來一人成功。成功的那一次、成功的那個人是幸運的，而此前無數人無數次的失敗同樣也是偉大的。那種失敗同樣具有不可磨滅的價值，其價值展現在後來的成功之中。

成功意味著衝破平庸，而其中的一條捷徑便是——敢於冒險。

勇於冒險求勝，你就能比你想像的做得更多更好。在勇冒風險的過程中，你就能使自己的平淡生活變成激動人心的探險經歷，這種經歷會不斷地向你提出挑戰，不斷地獎賞你，也會不斷地使你恢復活力。

懼怕失敗，不冒風險，求穩怕亂，平平穩穩地過一輩子，雖然可靠，雖然平靜，雖然可以保住一個「比上不足比下有餘」的人生，但那真正是一個悲哀而無聊的人生，一個懦夫的人生。其最為痛惜之處在於，你自己葬送了自己的潛能。你本來可以摘取成功之果，分享成功的最大喜悅，可是你卻甘願把它放棄了。與其造成這樣的悔恨與遺憾，不如去勇敢地闖蕩和探索。與其平庸地過一生，不如做一個敢於冒險的英雄。

到此你可以問自己──「平生謹慎，必不弄險」對嗎？答「否」毋庸置疑，我孔明六出祁山而無大的建樹，就是最好的反面事例。

定姜維為接班人：領導者應具備的素質

我選姜維為接班人，並不是因為我喜歡他，在如此重大的決策上，我尚知公私分明，把握分寸。我之所以選姜維為接班人，首先是因為他忠心，與他朝夕相處，我深知在我死後他仍能對我蜀「鞠躬盡瘁，死而後已」，能矢志不移地完成統一大業者，非姜維莫屬。除此之外，重要的是，姜維擁有歷史上許許多多優秀領導者共同的特點⋯⋯。

初識姜維是我首次伐魏之時，那時姜維為魏將。在我欲奪取天水之際，當時年僅二十七歲（跟我出山時的年齡相仿）的姜維屢出奇招，與我幾次鬥法謀動在先，那時我心中便十分欣賞年少博學的姜維。後幾經努力，以反間之計才將其收歸帳下。跟隨我這些年來，姜維沒有讓我失望，屢建奇功，並給了我不少好的建議。

說我慧眼識人也好，道我偏私也罷，我早就看好姜維，他追隨我的這些年，我言傳身教，欲將自己平生所學盡數傳他，姜維也很爭氣，敏而好學，有了很大的進步，在一些策略構想與決策上，甚至連我這個「老師」也自愧不如。

今身患重症，恐不久於人世，選一合適的接班人，完成我未實現之志，乃是當務之急。遍尋左右，唯姜維是最合適的人選，遂寫信薦於我主劉禪：「姜維忠勤時事，思慮精密，是涼州上士⋯⋯敏於軍事，既有膽略又深解兵意，我之兵法皆授與姜維，他能繼我之志，為國出力。」

我選姜維為接班人，並不是因為我喜歡他，在如此重大的決策上，我尚知公私分明，把握分寸。我之所以選姜維為接班人，首先是因為他忠心，與他朝夕相處，我深知在我死後他仍能對我蜀「鞠躬盡瘁，死而後已」，能矢志不移地完成統一大業者，非姜維莫屬。

除此之外，重要的是，姜維擁有歷史上許許多多優秀領導者共同的特點：

一、博學多才

作為一個領導者必須博聞廣識，具備多方面的知識，這樣才有能力領導下屬，協調好各方面的關係。

二、寬容品性

寬容是指有權力責備而不加以責備處罰，有權力報復而不加以報復的一種道德心理。管理下屬要賞罰結合、恩威並用，但往往寬容是最好的策略。

三、追求上進

「不進則退，智者生存。」不求上進的人勢必落後於人。一個領導者如果不求上進，勢必影響到整個團隊的發展。

四、有自信心

一名領導者要具備很強的自信心，強的自信心，會使人對自我把握能力加大，這種把握能力是一個人對自己準確的評估與預見能力，定會使人的內心產生一種能動力量，能夠把握住正確的方向。

五、有堅忍不拔的決心

堅忍不拔的決心是領導者必備的又一良好品行。在奮鬥的過程中，不可避免地要遇到很多困難與危機，要安然度過危機，首要的一條就是領頭羊要有堅忍不拔的決心。

六、創造性的思維

創造性的思維不只是侷限於會發明「木牛」、「流馬」之類，更重要的是有敏銳的洞察力、與眾不同的思維方式，迅速反應，做出正確的決策，解決難題，獲取最大的利益。

七、敏銳的洞察力

在與對手激烈的鬥爭中，如何抓住機慧是領導者需要具備的素質，而成功地抓住機會，獲取大的勝利，需要有敏銳的洞察力。

八、決策能力

領導者在各項事務中做得最多的就是決策，缺乏快速決斷的能力注定要失敗。

分析問題要冷靜，判斷問題要準確，處理問題要果斷。看準了立即拍板，畏首畏尾，必將錯失良機。

良好的決策能力也不僅僅指決策要果斷，也要準確，如果不準確，再迅速也無任何意義。

九、合作精神

領導者應具備良好的合作意識，願意和別人合作，善於用感動和說服贏取別人的尊重。

十、組織才能

領導者要有良好的組織才能，合理安排人、財、物，使他們各盡其用。

優秀領導者的特點遠遠不止以上這十點，在我看來，姜維至少是具備了這幾點的，這正是我看中姜維的主要原因。

▌如何做一名優秀的領導者

我死之後，姜維將繼我之志，完成我未完成的事業。為了確保其時刻提醒自己——做一名優秀的領導者，我為其總結了優秀領導者的十個個性特徵，希望他保持自身的優勢，彌補不足，做一名開明高效的領導者。

真正優秀的領導者通常具有以下十種個性特徵：

一、說服力

無論是與下屬討論問題還是與下屬分擔責任或共享收穫，優秀的領導者都為自己的個性作解釋，同時真心聽取下屬的意見，並瞭解他們的現況。如果下屬被說服，領導者當然要保證長期的承諾。

二、耐心

對人對事都要有耐心。就算下屬有很多缺點，他也應具有很好的態度。「人無完人，金無足赤」，是他待人的信念。這種對下屬的耐心還來自於他總能發現下屬優秀的一面，並將之轉化為組織發展的動力。面臨不斷出現的困境時，領導者從不氣餒，他深信沒有攀越不了的高山，即使是「天塹」也終有一天會變為「通途」。他在暫時的阻力下，有著長遠的目光。

三、風度

優秀的領導者具有富足之心，他不會認為下屬的成功會危及自己，他樂於看到下屬的不斷成長，很願意關懷下屬。

四、可塑性

優秀的領導者不盲目以自我為中心，他開懷納諫，對自己無法得出結論的問題，他就虛心聽取追隨者的提案，並糾正自己。沒有充分的證據支持自己的觀點，他從不固執己見。他善於、敢於接納新生的事物。觀念在他腦中並不總是一成不變的，因為他認為一切變化是決定觀念變化的主要原因。

五、接納

能夠接納他人。他的心胸之門總是敞開的，各處不同的意見，即便是極端反對他的意見，各種不同的人，即使是自己的對手，他都能接納他們。因為優秀的領導者能夠站在對方的立場看問題，反對意見總是有原因的，對手也有他們自己的理由。

六、仁慈

他對世界總是充滿了愛心，能關懷、體貼下屬。這種關懷往往不是出於拉攏下屬的目的，而是發自於內心的真誠情感。

七、心胸廣闊

優秀的領導者能充分發現並發揮下屬的能力，能為他們的個性提供完善和發展的機會。他一心只想為下屬創造機會，實現自我，而從不害怕下屬在這過程中會超越自己，離開自己。

八、溫和

這主要是針對下屬犯了錯誤時的態度，他能夠原諒，但在原則問題上不讓步，指出有錯就要改。

九、一致性

優秀的領導者很少做前後矛盾的事。這並不是說他固執己見，他往往在事情之初，就能將問題的可能發展規劃得很好。

十、正直

正直是做人之根本。即使有很多機會，他也從不去占便宜；與人交往時，他不會為自己的利益去欺騙他人。

也許優秀的領導者還具備許多其他的個性特點，但以上這些是最本質的。如果你在某些方面還有不足的話，應該注意加強訓練。

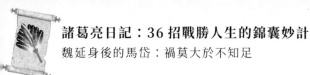
魏延身後的馬岱：禍莫大於不知足

　　魏延這個人有才，但其人生與事業的失敗全在於「不知足」三個字。魏延是個能人，這一點我不否認，但我斷定此人不堪大用，只可在某一具體任務上重用一下。限制其有突破性發展的重要因素是他的個性和道德品行：反覆無常、這山望著那山高、自以為是、牢騷不斷……。

　　臨終之前定姜維為接班人是我要辦的兩件重要事之一，除此之外，另一件事，或者說另一個人著實讓我擔心，此人就是魏延。

　　魏延有謀略，有勇氣，是個大將之才，但其謀反之心昭然若揭。記得四出祁山之時，與司馬懿對陣，我命魏延、陳式引二萬兵去取箕谷，恐遭魏兵伏擊，我遂遣鄧芝至軍中提醒魏延須謹慎小心，不可輕進。魏延、陳式當即就譏笑我多疑，若非如此，就不會有街亭之失。魏延更是百般嘲弄，說我首次伐魏不聽其言，如今又執意兵出祁山，既令進軍，又叫他慎進，實乃號令不明。

　　鄧芝回見於我，說了陳式、魏延的無禮，我只是一笑而過。我知魏延素有反意，常常不服，只因他英勇善戰，才予以任用，但像他這樣的人，久後必生禍害。而那次兵出箕谷，魏延、陳式竟不聽號令，被魏軍伏擊，但因戰事緊張，魏延日後還有用處，遂強忍怒火，借魏延、陳式互相爭論之機，斬了陳式，也算「殺雞儆猴」，給魏延提了個醒。

　　魏延謀反之心並非只有我一人知，帳下諸將，甚至吳主孫權也多有瞭解。此次出祁山之時，為了北伐大業，我命費禕持書徑到建業，入見孫權，請其出師伐魏共謀大事，當時孫權知我用魏延為先鋒，遂讓費禕傳話：「魏延勇有餘，而心不正。若一朝無孔明，必為禍害，應當慎之。」聽其言，我深有同感。

　　今我時日無多，我料魏延不久必反，遂在未亡前早作打算。

　　我喚楊儀入內，告知：「我死之後魏延必反，可命人帶兵符去見魏延，試探其意，若其尚無反意，可令其斷後；若其有謀反之心，即令姜維斷後。

不管何時，魏延一旦謀反，不必驚慌，可領眾將擂鼓吶喊，向其挑戰，再以話激之，使其憤怒，後讓一將迎戰，魏延定勝，而後他必想取你性命，找你挑戰，那時你方可打開我之錦囊，定有妙計除之。」楊儀應允，退出。

我給楊儀的錦囊內容如下：

我已讓馬岱混入魏延軍中，取其信任，今魏延謀反，以為無人能敵，你須與馬岱聯手殺之。見此錦囊之時，魏延必很張狂，而馬岱定在其後。你可面對魏延，問他「你敢在馬上連叫三聲『誰敢殺我』，便是真大丈夫，我就獻漢中城池給你。」以魏延秉性必會依言而行，那時馬岱會依我之計在魏延鬆懈時，將其斬於馬下。

之前，我已將此計密授馬岱，馬岱忠心定不辱使命，想那魏延此番縱有任何陰謀也終將成為泡影，而其必死全因他那顆不知足的心。雖說魏延已不足為患，但我心中感觸頗多，總結起來，共有以下二點：

▌禍莫大於不知足

魏延這個人有才，但其人生與事業的失敗全在於「不知足」三個字。

人們無論做什麼事，都希望得到更多。其實，這正如狗熊掰玉米──學一招忘一招，其結果往往適得其反。因為這裡也想插一手，那裡也要兼顧，就不得不動腦筋，過度地使用智慧，容易產生奸邪欺詐。所以只要凡事稍微減省些，便能回覆本來的人性，即「返璞歸真」。

人大都渴望和追求榮譽、地位、面子，為擁有它而自豪、幸福；人不情願受辱，為反抗屈辱甚至可以以生命為代價。所以，現實人生便出現了各式各樣爭取榮譽的人，形形色色的反抗屈辱的勇者和鬥士；也有為爭寵、爭榮不惜出賣靈魂、喪失人格的勢利小人。當然，也有人把榮譽看得很淡，甘做所謂「榮辱毀譽不上心」的清閒、逍遙自在者。

他們對客觀的、外在的出身、家世、錢財、生死、容貌都看得很淡泊，追求精神的超脫、灑脫，正所謂「去留無意，望天上雲卷雲舒；寵辱不驚，看庭前花開花落」。莊子說，人們心中有了榮辱的念頭之後，就會看到種種

憂心的事情。過分關心個人的榮辱得失，就只能憂慮煩惱，無法擺脫。他在《徐無鬼》篇中說：「追求錢財的人因財物積累不多而憂愁，貪心者永不滿足；追求地位的人常因職位還不夠高而暗自悲傷；迷戀權勢的人，特別喜歡社會動盪，以便從中擴大自己的權勢。」同時莊子也從正面闡述其觀點。他說：「不追求官爵的人，不因為高官厚祿而喜不自禁；不因為前途無望窮困貧乏而隨波逐流，趨勢媚俗，榮辱面前一樣達觀，所以他也就無所謂憂愁。」所以莊子主張「至譽無譽」。也就是說，在他看來，最大的榮譽就是沒有榮譽，把榮譽看得很淡很輕，名譽、地位、聲望都算不了什麼，即使行善做好事也不要留名。

《莊子·刻意》篇中又講：「就藪澤，處閒曠，釣魚閒處，無為而已矣。此江海之士，避世之人，閒暇者之所好也。」這裡，莊子又列舉了幾種人士：隱居江海的人，與世無爭、逃避世事的人，清閒閒適的人。這些人也沒有什麼榮辱毀譽的強烈願望或忌諱。所以，棲身山林江湖，流浪曠野荒原，每日垂釣，閒散度日，這正是道家的處世態度，順其自然。在同一篇中，莊子講了閒散居士的好處：「平易恬淡，則憂患不能入，邪氣不能襲。」追求恬淡的人，不會患得患失，斤斤計較，沒有強烈的物欲，邪惡就不會侵襲他的身心。儘管莊子的「無為」、「無譽」觀有許多偏激之處，但當人們為金錢所誘惑，為官爵所累的時候，何不從莊子他老人家的訓示中發掘一點值得效法和借鑑的東西呢？

「知足不辱，知止不殆」。《老子·道德經》所說的這句話就是告誡人們要懂得榮辱的分寸。知道滿足就不會受辱，知道適可而止，就不會遭遇不幸。又說：「禍莫大於不知足，咎莫大於欲得」。不知足是最大的禍患，貪得無厭是最大的罪過。把錢財、家世、容貌視為榮辱標準的人，通常都不知足，越有越想有，越有欲望越盛；欲望太盛就會生出邪念，為擁有更多的財權欲而不擇手段。由敬財、愛財而貪財、聚財、斂財，甚至於見錢眼開、巧取豪奪、唯利是圖、謀財害命。

對於魏延，這些道理我是不會講給他聽的，因為他根本就不會聽，我只好埋伏一個馬岱。魏延啊魏延，你敗露被斬殺那一天也不能怪我，怪就怪自

己只看眼前不及身後，你就不想想，以我孔明之智謀，算了一輩子，你這點小聰明怎會不謀算其中呢？「螳螂捕蟬，黃雀在後」，千年古訓，如魏延者不可不謹記。

成敗往往在於你少一算，我多一算。而欲望能入人耳目，讓人本來聰慧的頭腦少一根筋。

不是所有能人，都可委以重任

魏延是個能人，這一點我不否認，但我斷定此人不堪大用，只可在某一具體任務上重用一下。限制其有突破性發展的重要因素是他的個性和道德品行：反覆無常、這山望著那山高、自以為是、牢騷不斷等等。作為領導者必須清楚，哪些人既可重用又可大用，哪些人由於某些方面的缺陷，只能有條件地使用。

一、妒忌心強的人不能委以大任

一般人難免都會妒忌別人，這也是一種正常的表現。因為有時候這種妒忌可以直接轉化為前進的動力，所以不能說妒忌就一定是消極的。但是如果妒忌心太強了，就容易產生怨恨，覺得他人是自己前進的最大障礙，到了這種地步，往往就會做出一些過激的事情來，甚至於憤而謀叛也毫不為奇。

俗話說：「宰相肚裡能撐船。」這種人氣量太小，絕對不是一個好的領導者，因此不能委以重任。周瑜不能不說是一位帥才，可就是因為妒忌心太強而栽了跟頭。

二、目光遠大的人可以共謀大事

所謂有抱負的人也就是目光相當長遠的人。不同的人有不同的眼光，有些人比較急功近利，往往只顧眼前利益，這種人目光短淺，雖然會暫時表現得相當出色，但是卻缺少一種對未來的把握和規劃能力，做事只停留在現在的水準上。

如果領導者本身是目光遠大的人，對自己的未來發展有一個明確的定位，並且需要助手，那麼這種人倒是很好的選擇，因為這類人最適合於被領導者指揮運用，以發揮他的長處。

而一個能共謀大事的合作者則往往能在某些重大問題上提出卓有成效的見地，這樣的人是領導者的「宰相」和「謀士」，而不僅僅是助手。如果領導者能找到這樣的人，那麼對事業的發展無疑是如虎添翼。

三、前瞻後顧的人能擔重任

前瞻後顧的人往往思維比較縝密，能居安思危，能考慮到可能發生的各種情況和結果，而且很明白自己的所作所為；這種人往往也很有責任感，會自我反省，善於總結各種經驗教訓，他的工作通常會越做越好，因為他總能看到每一次工作中的不足，以便於日後改進。如此精益求精，成績自然突出。雖然有時候這類人會表現得優柔寡斷，但這正是一種負責任的表現，所以作為一個領導者，大可放心地把一些重任交給他。

四、不要親近性格急躁的人

這種人往往受不了挫折，常常會因為一些細小的失敗而暴跳如雷，自怨自艾。這樣的人做事往往毫無計畫，貿然採取行動，等到事情失敗又怨天尤人，從不去想失敗的原因，也很少能夠成功。如果領導者遇到這樣的人，那麼就該遠離他，以免受到他的牽累而後悔。

五、絕不可以重用偏激的人

過猶不及，太過偏激的人往往缺乏理智，容易衝動，也就容易把事情搞砸。這正如太偏食的人過於挑食，身體就不會健康一樣，思想如果過於偏激，就不會成大事。他總是使事情走向某一個極端，等到受阻或失敗，又走向另一個極端，這樣永遠也到達不了最佳狀態。這正如理想和現實的關係，理想往往是瑰麗的，不斷引發人們去追求，但是如果缺少對現實的依據，理想也只能是空中樓閣。

相反地，如果滿腦子考慮的都是瑣碎的現實，那麼終會被淹沒在現實的海洋裡而無法自拔，最終陷入迷茫之中。所以凡欲要成大事者，都要把二者結合起來，才能取得最佳效果。

六、一定要耐心期待大器晚成的人

有的人有些小聰明，往往能想出一些小點子把事情點綴得更完美，這類人看上去思維敏捷，反應靈敏，也的確討人喜歡；但是也有另一些人，表面上看並不聰明，甚至有點傻的樣子，卻往往能大器晚成。

對於這類大智若愚的人，領導者一定要有足夠的耐心和信心，絕不能由於一時的無為而冷落他甚至遺忘他，因為這類人往往能預測未來，注重追求長遠的利益。既然是長遠的利益，也就不是一朝一夕所能達到的。信任他並給予重任，而不能讓這類寶貴的人才流失。

七、輕易就斷定沒有一點問題的人是極不牢靠的

無論大事小事，一定存在著各種問題，做事情說到底也就是解決各式各樣的問題。

如果一個人輕易就斷定沒有任何問題，這至少表明他對這件事看得還不夠深入，這種草率作風是極不牢靠的一種表現。

如果讓他來做一些重大的事情，那得到的也只能是一些失望的結果，所以這種人不可輕易相信，否則上當的只能是自己。

八、拘泥於小節的人通常不會有什麼大成就

做任何事情，有得必有失，利益上有大也有小，要想取得一定的利益，必然要捨棄一部分小利。如果一個人總是在一些小節上爭爭吵吵，不願放棄的話，那也就終難成大業。

九、說話很少但說話很有分量的人定能擔當大任

口若懸河、滔滔不絕的人未必就是能擔當大任的人，而且這種人常常沒有什麼真才實學。他們只能透過口頭的表演來取信別人，抬高自己。真正有能力的人，只講一些必要的言語，而且一開口就常常切中問題的要害，這種

人往往謹慎小心，沒有草率的作風，觀察問題也比較深入細緻，客觀全面，做出的決定也實際可靠，獲得的成果也就實實在在。所謂「真人不露相，露相非真人」，講的就是這個道理。

對關、張、趙、馬、黃「五虎將」的用法：用其所長，抑其所短

抛開關羽、張飛與劉備的私人感情這一特殊關係，單就他們本人來說，二人都是長處與短處極鮮明的人，所以我對他們的任用也好，對類似他們下屬的任用也罷，講求的原則都是：用其所長，抑其所短。

我素知魏延有謀反之心，但因其勇猛善戰，遂不到萬不得已不忍除去。而我用魏延之時更是謹慎小心，用其力而不用其心，不讓他有可乘之機。

提起魏延，說到用人，不免想起「五虎將」來——關羽、張飛、趙雲、馬超、黃忠，有此五人實乃我蜀中之福，而如何任用他們一直是我非常注意的問題：

‧對關羽、張飛的任用

記得我初到新野之時，對關羽、張飛採用的是「威懾術」。因為在當時特定的條件下，我需要盡快地樹立威信，達到兵能調、將能遣，如此方能臨陣破敵。但隨著時間的推移，我軍實力的增長，僅靠「威懾」已遠遠不夠，對待這二個特權人物我必須用特殊的方法。

首先，凡是安排關羽、張飛完成的重大任務，通常我都與他們立「軍令狀」，讓他們明確自己的職責，如此一來，如果我按「軍令狀」加以懲罰，劉備也無話可說。再者，關羽、張飛做事之時，頭頂有「軍令狀」高懸，會更加小心謹慎，盡自己最大能力將任務完成。

其次，對於關羽，我透過一件事狠殺了其傲氣。一個人，尤其是有才能的人，有點傲氣可以理解，但如果太過分了就會傷人、誤事。關羽的傲氣非一般人能比，只要他覺得自己那凜然不可侵犯的尊嚴被誰觸動，會不顧一切地反擊，這個時候，他甚至會把蜀中大業和他大哥劉備拋在腦後。所以在我看來，有時孤傲讓關羽喪失了掌握全局的能力，在此點上他甚至還不如張飛。

赤壁之戰時，我迅速安排諸將各行其事，趙雲、張飛等也分撥已定，而故意將關羽晾在一邊。關羽沉不住氣，生氣地表示：「關羽自隨兄長征戰，從未落後，今逢大敵，軍師卻不委用，此是何意？」我等的就是他這句話，遂說：「雲長莫怪，我本想讓你把守一最緊要的隘口，但有些顧慮，不敢教去。昔日曹操待你甚厚，你當有所報答。今曹操兵敗，必去華容道，若叫你去守，你必然放他過去。」關羽遂即表示自己為曹操斬了顏良，誅了文醜，解了白馬之圍，已報答了他，今若放他，願依軍法處治。當即立下「軍令狀」。

　　我算定曹操會敗走赤壁，遂設計讓其敗走華容道，但我知如果派人將其斬殺，孫、劉勢力天平就會大大轉變，孫權便會全力對付我蜀，是以當保持鼎足局勢，故曹操不能有事，同時我欲借此機會煞關羽傲氣，使其折服，所以最好的方法是讓關羽去守華容道。

　　關羽到了華容道，果然遇曹操敗走，但由於關羽素來傲上而不欺下，欺強而不凌弱，恩怨分明，信義素著，加上曹操昔日對他有恩，禁不住曹操的再三請求，又見曹操狼狽之狀，心中不忍遂放其走。

　　關羽兩手空空而回，耷拉著腦袋，像一隻鬥敗了的公雞。我故意裝著要按軍法處置，後劉備與諸將求情，我遂順水推舟賣個人情給關羽、劉備。此時的關羽傲氣全無，在一旁沉默不語，我為達到自己的目的而竊喜。果然，從那以後關羽對我很是尊敬，言聽計從，從未在我面前顯其傲氣。

　　再次，張飛是個順氣驢，剛見面他也許瞧不起你，但只要你顯示出過人的本領讓他信服，他會立即把你當天神來敬。別看表面上張飛是個粗人，有時喝多了還要耍酒瘋，實際上他粗中有細，而且在一些重大問題上能不計較個人恩怨，比如他考察並向劉備推薦龐統，收服老將嚴顏，均表現了其寬廣的胸襟和無私的情懷。對張飛我只要曉之以理，即可讓他竭盡全力。我蜀若多幾個張飛這樣的人就好了，那我也可以省去不少事。

　　．對趙雲、馬超、黃忠的任用

趙雲、馬超、黃忠都是我蜀中虎將，他們有共同的特點，也有不同之處，在對他們的任用上，我既有同等對待之處，又根據不同的情況採取不同的方式：

其一，他們都能獨當一面。在他們的戎馬生涯中寫滿了攻城拔寨、殲滅強敵的輝煌，在軍中他們威望很高，是讓對手畏懼的超一流猛將。

其二，他們都無比忠誠。自追隨劉備之後，他們都死心塌地、任勞任怨，像趙雲在長坂坡那樣危急的情況下，連張飛都懷疑他投曹操求富貴去了，但趙雲仍拚死護衛幼主，義無反顧地選擇追隨劉備。馬超原是一方之主，自從到我蜀中之後，盡心盡力。雲長敗走麥城，劉備欲為其報仇，先誅殺孟達，不料彭羕與孟達交厚，寫信欲將此事告之，馬超得知底細，毫不猶豫地告發了他。老將黃忠，到我蜀中以後大有知遇之感。黃忠年紀雖大，但勇猛異常，我對他也頗為欣賞，多次予以重用，為報我主知遇之恩，他始終竭心盡力。

趙雲、馬超、黃忠並非等閒之輩，所以我也絕不等閒用之。

對於趙雲，我以一個「信」字用之。信，不是一般的信任，是對趙雲處理複雜局面能力的信心。趙雲以勇聞名，是個拚命三郎，但最難得的是，趙雲有許多大將不具備的大局觀和高度的責任感。比如他長坂坡全力護幼主；屢勸劉備不要因一時衝動為私仇而與孫權決戰；再如「借荊州為劉備招親」之時，劉備陷在溫柔鄉中，唯趙雲能想到那樣下去不行，也才會拆開我給的第二個錦囊。

對於黃忠，我以一個「激」字用之。黃忠年紀雖大，偏有年輕人爭強好勝之心。曹操手下張郃到葭萌關向我軍挑釁，當時守將霍峻、孟達不能解決，請求支援。當著黃忠的面，我故意說眼前無人可用，只等張飛歸來。黃忠果然被激怒，拍著胸脯保證完成任務。這一激竟激出了黃忠大敗張郃、力拚夏侯淵，占領了大片魏地的奇功。

對於馬超，我以一個「獨」字用之。馬超畢竟曾是一方之主，若像其他人那樣呼來喚去肯定不妥。我安排馬超每每讓其獨當一面，放手讓其獨立操作，我深信其能力，馬超也從未負我所望，屢屢出色地完成任務。

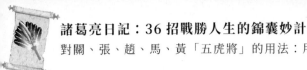

▌用其所長，抑其所短

拋開關羽、張飛與劉備的私人感情這一特殊關係，單就他們本人來說，兩人都是長處與短處極鮮明的人，所以我對他們的任用也好，對類似他們下屬的任用也罷，講求的原則都是：用其所長，抑其所短。

像關羽、張飛這樣有主見、有個性的下屬，往往是主動工作和認真負責的，而不是像機器那樣只是聽人使喚。越是職位高，越應該有認真負責的態度。那些旨在滿足於達到低水準目標的人，那些屢犯錯誤、消極疲塌的人必須撤換職務，他必須離職，或者降職，或者免職。

當然，這種懲處並不是意味著不允許犯錯誤，並不等於說凡是犯了錯誤的，都要予以懲罰。實際上，對於有上進心的人來說，失敗乃成功之母。因此，他們犯錯誤的次數越多，他們所積累的經驗越豐富。所以，並不是要求所有人都不犯錯，相反地，應主張把那些雖未犯錯誤，但表現平庸、毫無上進心的人，從較高的領導職位上調離出去。重要的問題不是犯不犯錯誤，而是他的責任心，看他是否盡到了自己的本分。

為了充分發揮下屬的積極性，必須對他們的表現做出合理、公正的評價。正確地評價他們的表現，評估他們的責任心，是對他們進行獎懲的基礎，也是提升或調離他們職務的依據。

但是，要對他們的表現做出正確的評價，必須有一整套的評價制度和方法。

對一個人的評價，必須是全面和系統性的。評價一個人所取得的成績，切忌片面和主觀。因此，不要草率地根據一、二件事就對某個人的品行、責任心及其能力做出判斷。對一個人做出正確的判斷需要經過較長時間的觀察、檢驗和比較。

在進行評價的時候，要聽其言，觀其行，要把他所做出的實際成績作為衡量的主要標準。要特別防備那些只會說而不會做的人，要獎勵那些埋頭苦幹和認真負責的人。

　　經常有些只會阿諛奉承，但又無多少能力的人。這種人，為了領導者能重用自己，有時不惜吹牛說謊，誹謗別人。這樣的人應該防止他們升任高職，因為提升了這些人，就等於懲罰了那些真正一心為公認真負責的人。只會說花言巧語，但無實際能力的人，往往兼有說謊和誹謗別人的品行。因為他們自己既無實際工作能力，又想要獲取要職，其唯一的出路便只能是說謊或誹謗別人。一個領導者若縱容這些人，就等於用一堆垃圾堵塞了進一步發展的通道。因為讓這種人擔任領導職務，他屬下或與之平行的人就不能發揮作用，甚至會因此而埋沒人才。

　　經常看到有些領導者，由於用人不當，把那些只會說而不會做的人提拔到重要的職務上，造成真正有能幹的人不能人盡其才，甚至紛紛要求離職。最後，使自上而下形成一種說空話的作風，各級人員也失去了完成任務的主動性、創造性和積極性。長此以往，等於抽掉了團隊的靈魂和活力，最終必將使團隊潰散。

　　評價和估量一個人，首先應該把重點放在哪裡呢？是他的優點還是他的缺點？是他的成功之處還是他的失敗之處？當然是前者，而不是後者。

　　眾所周知，世上沒有盡善盡美的人，重點是所要尋找的優點必須是團隊所欠缺的，因而也是最急需的那種優點。一個人只要具備了團隊所需要的優點，即使有其他缺點，也可以不影響對他的選用。在任用過程中，要使人盡其所長。我們選用一個人，主要是使他發揮自己的優點；至於他的缺點，只要不影響到工作，不影響到別人發揮積極性，就不必求之過嚴。

　　一個人的優點和缺點是相對的，是發展變化的。這就是說，一個人的優點和缺點要發生作用，必須具備一定的條件。優秀領導者的宗旨就是要創造條件，發揮各級人員的優點，並盡可能地抑制其缺點。

　　對於特殊人物要有特殊的用法，既要照顧其特殊性，又要根據其個人的短處、長處，令其竭盡所能。

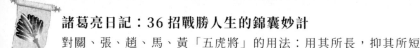

▌長處不同，用法不同

「通才」根本不存在，就是在某一領域也難以找到一位「萬事通」。因此，對領導者來說，最好的辦法就是人盡其才，這就要求領導者能夠對人才避短用長。如果讓我諸葛孔明這個長於運籌帷幄、有卓識和氣魄的人去做決勝千里之外的將士，跨馬揚刀，衝殺於敵陣之中，顯然是不可思議的。因為我的專長就是出謀劃策，而上陣殺敵只能是趙雲、關羽、張飛之輩所為。相反地，若把他們三人放在我的位置上，同樣是用人非用其長。

在人才使用上，不僅要用其所長，而且要「短中見長」。領導者不知短中之長，就不能做到善於用人。一個人的優點和缺點，長處和短處，並不是凝固不變的。優點擴展了，缺點也就受到了限制，發揚長處是克服缺點的重要方法，而且長處和短處是相伴相生的，常見到有些長處比較突出、成就比較大的人，缺點也往往比較明顯，常常「不拘小節」，大智若愚。因此，在選用人才時，要善於發揚人才的長處，用人所長，揚長避短，以便做到人盡其才，才盡其用。至於那些藝高膽大，才華非凡，但由於某種原因受人歧視、打擊，成為有爭議的人物，領導者更要力排眾議，態度鮮明，給予有利的支持。

揚其所長，難在對專長的認定。在認定下屬的專長時，傳統的用人方式總是自上而下地由領導者做出抉擇。現在用人之道則講究為被使用對象提供更多的自我選擇機會，盡可能由下屬進行「自我認定」。也就是說，領導者在做出用人的最後抉擇之前，應該先聽聽下屬對自己的評價，由下屬來認定自己的專長和短處。當下屬的自我認識和領導者對他的認定之間出現明顯的認識誤差，並由此而產生行為誤差時，領導者應該在條件允許的情況下積極為下屬提供自己選擇最能發揮專長的機會。

在許多情況下，被使用對象的專長和短處，並非始終如一，靜止不變，而是在複雜的內外因素影響下，各自呈現出明顯不同的發展趨勢。有時候，其專長可能繼續保持領先地位；有時候，其專長進展遲緩，已成強弩之末，而其短處卻急起直追，後來居上，很快成為新的專長。因此，一個有遠見的領導者，應該能夠運用發展變化的觀點，來科學分析下屬的各項基本要素，

然後根據每項要素的發展趨勢，提前選擇最有可能成為下屬新專長的某一項基本要素，以此來作為任用下屬的決策依據。

敢於選用下屬有爭議的專長，是精明領導者在用人過程中必須具備的基本素質之一。由於人們認識客觀事物的立場、觀點、方法不盡相同，認識水準和切身利益迥然不同，在對某個被使用對象的專長和短處做出評價時，勢必會出現一些明顯的誤差或認識上的不足。對於某些頗有才幹的下屬來說，否定了他的專長，也就否定了他的人生價值。因此，一個謹慎的領導者，絕不輕易否定一個下屬的專長，就像絕不輕易否定下屬自身一樣。從某種意義上來說，敢於力排眾議，果斷使用下屬有爭議的專長，正是精明的領導者比平庸的領導者顯得技高一籌的一個重要方面。

揚其所長，展現了領導者對下屬的關懷、信任、摯愛與幫助，但絕不是「恩賜」。對於有些立志高遠的下屬來說，當他認定自己的某一專長具有很大的發展潛力時，即使外在因素阻抑他發揮專長，他也會克服重重困難，頑強發揮自己的專長。在這種情況下，不讓他揚其所長是不可能的。與其違背下屬的心願，任其曲線發展，逆境成才，不如投其所好，遂其心願，讓他直線發展，順境成才。只要領導者在這一點上表現出起碼的開朗、豁達與厚愛，下屬的專長必定能釋放出驚人的能量！

國家圖書館出版品預行編目（CIP）資料

諸葛亮日記：36 招戰勝人生的錦囊妙計 / 東方聞睿 編著 . -- 第一版 .
-- 臺北市：崧燁文化，2019.11
　　面；　公分
POD 版

ISBN 978-986-516-192-7(平裝)

1.(三國) 諸葛亮 2. 傳記

782.823　　　　　　　　　　　　　　　　108018880

書　　名：諸葛亮日記：36 招戰勝人生的錦囊妙計
作　　者：東方聞睿 編著
發 行 人：黃振庭
出 版 者：崧燁文化事業有限公司
發 行 者：崧燁文化事業有限公司
E-mail：sonbookservice@gmail.com
粉 絲 頁：　　　　　　　網　址：
地　　址：台北市中正區重慶南路一段六十一號八樓 815 室
8F.-815, No.61, Sec. 1, Chongqing S. Rd., Zhongzheng
Dist., Taipei City 100, Taiwan (R.O.C.)
電　　話：(02)2370-3310 傳　真：(02) 2388-1990
總 經 銷：紅螞蟻圖書有限公司
地　　址: 台北市內湖區舊宗路二段 121 巷 19 號
電　　話:02-2795-3656 傳真 :02-2795-4100　網址：
印　　刷：京峯彩色印刷有限公司（京峰數位）
　　本書版權為千華駐讀書堂所有授權崧博出版事業有限公司獨家發行電子書及繁
　　體書繁體字版。若有其他相關權利及授權需求請與本公司聯繫。
定　　價：350 元
發行日期：2019 年 11 月第一版
◎ 本書以 POD 印製發行